回望西南联大·1937.11-1946.8
·西南联大8年，见证历史变迁·

回忆与感想·西行日记

闻一多 浦江清 著

石油工业出版社

图书在版编目（CIP）数据

回忆与感想·西行日记/闻一多，浦江清著. —北京：石油工业出版社，2018.9
ISBN 978-7-5183-2694-5

Ⅰ.①回… Ⅱ.①闻… ②浦… Ⅲ.①回忆录－作品集－中国－现代 Ⅳ.①I251

中国版本图书馆CIP数据核字（2018）第133707号

回忆与感想·西行日记
闻一多　浦江清／著

出版发行：石油工业出版社
　　　　　（北京安定门外安华里2区1号楼　100011）
网　　　址：www.petropub.com
编　辑　部：（010）64523783
图书营销中心：（010）64523633
经　　　销：全国新华书店
印　　　刷：北京晨旭印刷厂
2018年9月第1版　2018年9月第1次印刷
880×1230毫米　开本：1/32　印张：7.875
字　　　数：145千字
定　　　价：38.00元
（如出现印装质量问题，我社图书营销中心负责调换）
版权所有，翻印必究

回忆西南联大书系

许渊冲

二〇一七年十月廿七日

学术顾问：许渊冲　杨振宁

主　　编：宗　璞

副 主 编：任　重　高　超

执行主编：陈志明

目录

辑一 回忆与感想

湘滇黔旅行途中致儿子闻立雕书信（一通）/ 003
湘滇黔旅行途中致父亲书信（一通）/ 004
湘滇黔旅行途中致父母双亲（二通）/ 005
到达昆明后致夫人高孝贞书信谈旅行中概况（一通）/ 008
到达昆明后致父母双亲书信（一通）/ 012
西南联大期间致许维遹书信（一通）/ 014
八年的回忆与感想 / 016
"一二·一"运动始末记 / 023
给西南联大的从军回校同学讲话 / 027
最后一次讲演 / 032
战后文艺的道路 / 035
调整大学文学院中国文学外国语文学二系机构刍议 / 043

contents

愈战愈强 / 048

组织民众与保卫大西南 / 052

谨防汉奸合法化 / 056

辑二 西行日记

1942 年 / 061

1943 年 / 162

1948 年 / 170

目录

附录　西南联大始末记

在抗战的烽火中诞生 / 197

文学院 / 204

理学院 / 212

法商学院 / 216

工学院 / 221

师范学院 / 224

联大的学生 / 226

文献 / 236

辑一　回忆与感想

湘滇黔旅行途中致儿子闻立雕书信（一通）

雕儿知悉：

我在家时曾嘱你特别要多写信来。难道我一出门，你们就把我忘记了吗？但我并没有忘记你们，尤其是你们读书的事，你尤其要用心，也不要和小弟大妹吵闹。一切要听爹爹说话。乡里暂时平安，一切我都放心，所不放心的，就是怕你们不用心读书。我今天上船，三天后到常德，再写信回。

父多字

1938 年 2 月 19 日

湘滇黔旅行途中致父亲书信（一通）

父亲大人膝下：

前上数禀。谅均达览。19日上船，实际20日晚始启碇。24日抵常德。现定27日实行徒步往沅陵，大约须9天始能达到。截至目下止，只是乘船，途上并不辛苦。此后步行，不知如何。唯男前在南岳游山经验，一日行80里，尚不觉疲乏。此次行程，初行规定每日50里，以后每星期递加10里，至80里止，是不出男能力之限度也。常德为湖南第二大城市（长沙第一），目下因驻兵及难民关系，人口陡增，尤见热闹。同人寓县立中学，校长杨筠如君系男在青岛时同事，故到此颇蒙款待。艺专现设沅陵，到时又可找太侔兄矣。乡间想仍能安堵，唯家中老幼不知清吉否。离家愈远，系念愈切，人情盖皆如此也。

敬颂金安

男多叩禀

1938年2月26日寄自常德县中

湘滇黔旅行途中致父母双亲（二通）

一

双亲大人膝下：

出发后寄上明信片数张，计已入览。3月1日自桃源县舍舟步行，至今日凡6日，始达沅陵（旧辰州府）。第一至第三日各行60里，第四日行85里，第五日行60里，第六日行20余里。第四日最疲乏，路途亦最远，故颇感辛苦，此后则渐成习惯，不觉其难矣。如此继续步行6日之经验，以男等体力，在平时实不堪想象，然而竟能完成，今而后乃知"事非经过不知易"矣。至途中饮食起居，尤多此生从未尝过之滋味，每日6时起床（实则无床可起），时天未甚亮，草草盥漱，即进早餐，在不能下咽之状况下必须吞干饭两碗，因在晚7时晚餐时间前，终日无饭吃，仅中途约正午前后打尖一次而已。所谓打尖者，行军者在中途做大休息，用干粮、饮水是也。至投宿经验，尤为别致，6日来唯今日至沅陵有旅馆可住，前5日皆在农舍地上铺稻草过宿，往往与鸡鸭犬豕同堂而卧。在沅陵或可休息3日，从此更西往芷江或有汽车可坐，然亦无十分把握。（以上3月6日所写，以下3月12日补完）近因天雪汽车难行，留沅将及一周，现雪已解，定明日乘汽车至晃县，当日可到，过此则恐全须步行矣。家中老幼近皆安吉否，深以为念。到贵阳后当再有信归。

　　肃此。敬颂
万福

男多叩
1938年3月12日

二

双亲大人膝下：

　　沅陵奉上一禀，想已达览。17日自晃县出发，步行30日抵贵阳。贵州境内遍地皆山，故此半月中较为劳苦，加之天时多雨，地方贫瘠，旅行益形困难。本地谚云"天无三日晴，地无三尺平，人无三两银"，盖得其实矣。贵阳遇熟人甚多，清华方面自前校长周密梅先生以下逮旧同学不下数十人，同班中有吴泽霖、聂鸿逵二兄,聂系本地人,吴任大夏大学文法学院长,随校迁此。据近悉昆明校舍不敷,文法二院决设蒙自。以意揣之,昆明新房屋造战后文法二院恐仍当迁回,蒙自距昆明铁道一日路程,地近安南。此行本如投荒,今则愈投愈远矣。近日前方捷报频传,殊堪欣慰,然武汉敌机轰炸亦因此益亟。二哥不知已迁动否?乡间谅安谧如常,但不知家中老幼清吉否?鹤、雕二儿读书有进益否?通信仍暂寄昆明临时大学。如欲速达,可用航空邮递。余容续禀。

  敬颂

万福

男多叩头

1938年4月2日自贵阳

到达昆明后致夫人高孝贞书信谈旅行中概况（一通）

贞：

4月28日抵昆明，看到你和鹤雕两儿3月3日的信，你信上说以前还写过3封信来，但我没有接到。据说有的邮件已转到蒙自去了，你那3封信或者到蒙自可以看到。我们自从2月20日从长沙出发，4月28日到昆明，总共在途中68天，除沿途休息及因天气阻滞外，实际步行了40多天。全团师生及伙夫共300余人，中途因病或职务关系退出团体，先行搭车到昆明者40余人，我不在其中。教授5人中有2人中途退出，黄子坚因职务关系先到昆明，途中并时的坐车，袁希渊则因走不动，也坐了许多的车，始终步行者只李继侗、曾昭抡和我3人而已。我们到了昆明后，自然人人惊讶并表示钦佩。杨今甫[1]在长沙时曾对人说，"一多加入旅行团，应该带一具棺材走"，这次我到昆明，见到今

---

[1] 杨振声，字今甫。

甫,就对他说"假使这次我真带了棺材,现在就可以送给你了",于是彼此大笑一场。途中许多人因些小毛病常常找医生,吃药,我一次也没有。现在我可以很高兴地告诉你,我的身体实在不坏,经过了这次锻炼以后,自然是更好了。现在是满面红光,能吃能睡,走起路来,举步如飞,更不必说了。途中苦虽苦,但并不像当初所想象的那样苦。第一,沿途东西便宜,每人每天4毛钱的伙食,能吃得很好。打地铺睡觉,走累了之后也一样睡着,臭虫、虼蚤、虱实在不少,但我不很怕。一天走60里路不算什么事,若过了60里,有时八九十里,有时甚至多到100里,那就不免叫苦了,但是也居然走到了。至于沿途所看到的风景之美丽、奇险,各种的花木鸟兽,各种样式的房屋器具和各种装束的人,真是叫我从何说起!途中做日记的人甚多,我却一个字还没有写。十几年没画图画,这回却又打动了兴趣,画了五十几张写生画。打算将来做一篇序,叙述全程的印象,一起印出来做一纪念。画集印出后,我一定先给你们寄回几本。还有一件东西,不久你就会见到,那就是我旅行时的相片。你将来不要笑,因为我已经长了一副极漂亮的胡须。这次临大搬到昆明,搬出好几个胡子,但大家都说只我与冯芝生[1]的最美。

---

[1] 冯友兰,字芝生。

文法两院 5 月 3 日开始上课，理工两院或许在两星期后，因为房屋尚未修理好。我在昆明顶多还有 3 天耽搁。从这里到蒙自，快车一日可到，但不能带行李。我因有行李，须坐慢车，在途中一个地方名壁虱寨住一夜，次日始能达到。所以 5 日后可以再有信回。

旅行团到的第二天，正碰着清华 27 周年纪念，到会者将近千人，令人忧喜交集。据梅校长报告，清华经费本能十足领到，只因北大南开只能领到六成，所以我们也只能按六成开支（薪金按七成发给）。我们在路上两个多月，到这里本应领得 2、3、4 三个月薪金，共 800 余元。但目下全校部只领到 2 一个月的薪金。听说 3、4 两月不成问题，迟早是要补足的。

你这封信里未详说家中种种情形，不知是否在那三封信里已经说过。我最挂念的是鹤雕二人读书的情形，来信务须详细说明。两儿写信都有进步，我很喜欢。鹤喜作诗，将来能像他父亲，这更叫做父亲的说不出的快乐。小弟大妹读书如何？小小妹没有病痛吗？雕的耳朵好了否？这些我最关心的事，为何信上都不提？你自己的身体当然我也时时在念。路上做梦总是和你吵嘴，不知道这梦要做到何年何月为止！

昆明很像北京，令人起无限感慨。熊迪之去年到这里做云南大学校长，你是知道的。昨天碰见熊太太，她特别问起你。许多清华园里的人，见我便问大妹。鹤雕两人应记得毛应斗先生，他这回是同我们步行来的。这人极好，我也极喜欢他。

今天报载我们又打了胜仗，收复了郯城。武汉击落敌机21架，尤令人兴奋。这样下去，我们回北平的日子或许真不远了。告诉赵妈不要着急，一切都耐烦些。她若写信给大司夫，叫她提一笔说我问过他。

你目下经济情形如何？每月平均要开支多少，手中还剩多少？日子固然过得不好，但也不必太苦。我只要你们知道苦楚，但目下尚不必过于刻苦，以致影响到小儿们身体的发育。大舅在何处，他家情况如何，盼告我。

以后来信寄"云南蒙自国立西南联合大学"。

多

1938年4月30日

到达昆明后致父母双亲书信(一通)

双亲大人膝下:

鹤雕两儿来函云现方从大人读书,甚感兴趣,雕儿写信较前也有进步,殊可喜也。男意目前既不能学算术,则专心致力中文,亦是一策。唯欲求中文打下切实根底,则非读旧书不可。在平时同事中如孔云卿[1]、刘寿民[2]二君皆令其少君读四书,殊有见地。男意鹤雕亦当仿效。曾见坊间有白话注解本,可购来参考,以助彼等之了解。纵使书中义理不能真实领会,但能背诵经文,将来亦可终生受用不已。驷弟方致力国学,经史理宜并治,倘能同时读四书,遇有新解时,亦不妨对两儿随时加以指示,如此两儿受益,诚不待言,对驷弟或亦可增加读经之兴趣也。校中情

---

[1]孔云卿,孔繁霱号,清华历史系教授。
[2]刘寿民,刘崇铉号,清华历史系教授。

形，详另函及 5 月 2 日云南日报。

  敬颂

万福

男多叩禀

1938 年 5 月 5 日

西南联大期间致许维遹书信（一通）

骏斋[1]兄：

手教敬悉。弟素性疏略，近数年来较前尤甚，已不堪任事。系主任一职绝不敢接受，恐将来贻误悔之无及也。生性率直，绝非故为谦让，对兄尤不必如此。平日对系事好随意发言，亦不无千虑一得之处，但贡献意见是一事，办事能力另是一事。能说话者不必能做事，此固古今通例也。了一[2]兄何日返昆，不知有消息否？弟意了一为人圆通练达，于此事最宜，凡事弟能为力者定当从旁竭诚襄助。望转达佩弦[3]兄为荷。日来此间亦谣言其炽，苦无正确消息，有言联大方计议迁徙者不知确否？望探询见示为荷。前上一函请代刻刘云樵图章，代领薪金，

---

[1]许维遹，字骏斋。
[2]王力，字了一。
[3]朱自清，字佩弦。

谅已收到。
　　顺颂
著祺

　　　　　　　　　　　　　　　多上
　　　　　　　　　　　1940 年 6 月 29 日
　　　　　　　　　　致嘉言函乞转交

八年的回忆与感想

说到联大的历史和演变,我们应追溯到长沙临时大学的一段生活。最初,师生们陆续由北平跑出,到长沙聚齐,住在圣经学校里,大家的情绪只是兴奋而已。记得教授们每天晚上吃完饭,大家聚在一间房子里,一边吃着茶,抽着烟,一边看着报纸,研究着地图,谈论着战事和各种问题。有时一个同事新从北方来到,大家更是兴奋地听他的逃难的故事和沿途的消息。大体上说,那时教授们和一般人一样只有着战争刚爆发时的紧张和愤慨,没有人想到战争是否可以胜利。既然我们被迫得不能不打,只好打了再说。人们只对于保卫某据点的时间的久暂,意见有些出入,然而即使是最悲观的也没有考虑到战事如何结局的问题。那时我们甚至今天还不大知道明天要做什么事。因为学校虽然天天在筹备开学,我们自己多数人心里却怀着另外一个幻想。我们脑子里装满了欧美现代国家的观念,以为这样的战争一发生,全国都应该动员起来,自然我们自己也不是例外。于是我们有的等着政府的指示：或上前方参加工作，或在后方从事战时的生产，至少也可以在士兵或民众教育上尽点力。事实证明这个幻想终于只是幻想，于是我们的心理便渐渐回到自己岗位上的工作，我们依然得准备教书，教我们过去所教的书。

因为长沙圣经学校校舍的限制，我们文学院是指定在南岳上课的。在这里我们住的房子也是属于圣经学校的。这些房子是在山腰上，前面在我们脚下是南岳镇，后面往山里走，便是那探索不完的名胜了。

在南岳的生活，现在想起来，真有"恍如隔世"之感。那时物价还没有开始跳涨，只是在微微地波动着罢了。记得大前门纸烟涨到两毛钱一包的时候，大家曾考虑到戒烟的办法。南岳是个偏僻地方，报纸要两三天以后才能看到，世界注意不到我们，我们也就渐渐不大注意世界了，于是在有规则性的上课与逛山的日程中，大家的生活又慢慢安定下来。半辈子的生活方式，究竟不容易改掉，暂时的扰动，只能使它表面上起点变化，机会一来，它还是要恢复常态的。

讲到同学们，我的印象是常有变动，仿佛随时走掉的并不比新来的少，走掉的自然多半是到前线参加实际战争去的，但留下的对于功课多数还是很专心的。

抗战对中国社会的影响，那时还不甚显著……在没有读到斯诺的《西行漫记》一类的书的时候，大家并不知道抗战是怎样起来的，只觉得那真是由于一个英勇刚毅的领导，对于这一个人，你除了钦佩，还有什么话可说呢！有一次，我和一位先生谈到国共问题，大家都以为西安事变虽然业已过去，抗战却并不能把国共双方根本的矛盾彻底解决，只是把它暂时压下去了，这个矛盾将来是可能又显现出来的。然则应该如何永久彻底解决这矛盾呢？这位先生认为英明神圣的领袖，代表着中国人民的最高智慧，时机来了，他一定会向左靠拢一点，整个国家民族也就会跟着他这样做，那时左右的问题自然就不存在了。现在想想，中国的"真命天子"的观念真是根深蒂固！可惜我当时没有反问这位先生一句："如果领袖不向平安的方向靠，而是向黑暗的深渊里冲，整个国家民族是否也就跟着他那样做呢？"

但这在当时究竟是辽远的事情，当时大家争执得颇为热烈的倒是应否实施战时教育的问题。同学中一部分觉得应该有一种有别于平时的战时教育，包括打靶，下乡宣传之类。教授大都与政府的看法相同，认为我们应该努力研究，以待将来建国之用，何况学生受了训，不见得比大兵打得更好，因为那时的中国军队确乎打得不坏。结果是两派人各行其是，愿意参加战争的上了前线，不愿意的依然留在学校里读书。这一来，学校里的教育便变得单纯地为教育而教育，也就是完全与抗战脱节的教育。在这里我们应该注意：并不是全体学生都主张战时教育而全体教授都主张平时教育，前面说过，教授们也曾经等待过征调，只因征调没有消息，他们才回头来安心教书的。有些人还到南京或武汉去向政府投效过，结果自然都败兴而返。至于在学校里，他们最多的人并不积极反对参加点配合抗战的课程，但一则教育部没有明确的指示，二则学校教育一向与现实生活脱节，要他们炮声一响马上就把教育和现实配合起来，又叫他们如何下手呢？

武汉情势日渐危急，长沙的轰炸日益加剧，学校决定西迁了。一部分男同学组织了步行团，打算从湖南经贵州走到云南。那一次参加步行团的教授除我之外，还有黄子坚、袁复礼、李继侗、曾昭抡等先生。我们沿途并没有遇到土匪，如外面所传说的。只有一次，走到一个离土匪很近的地方，一夜大家紧张戒备，然而也是一场虚惊而已。

那时候，举国上下都在抗日的紧张情绪中，穷乡僻壤的老百姓也都知道要打日本，所以沿途并没有做什么宣传的必要。同人民接近倒是常有的事，但多数人所注意的还是苗区的风俗习惯、服装、语言和名胜古迹等。

在旅途中同学们的情绪很好，仿佛大家都觉得上面有一个英明的领袖，下面有500万勇敢用命的兵士抗战，反正是没有问题的。我们只希望到昆明后，有一个能给大家安心读书的环境，大家似乎都不大谈，甚至也不大想政治问题。有时跟辅导团团长为了食宿闹点别扭，也都是很小的事，一般说来，都是很高兴的。

到昆明后，文法学院到蒙自待了半年，蒙自又是一个世外桃源。到蒙自后，抗战的成绩渐渐露出马脚，有些被抗战打了强心针的人，现在，兴奋的情绪不能不因为冷酷的事实而渐渐低了。

在蒙自，吃饭对于我是一件大苦事。第一我吃菜吃得咸，而云南的菜淡得可怕，叫厨工每餐饭准备一点盐，他每每又忘记，我也懒得多麻烦，于是天天只有忍痛吃淡菜。第二，同桌是一群著名的败北主义者，每到吃饭时必大发其败北主义的理论，指着报纸得意扬扬说："我说了要败，你看罢！现在怎么样？"他们人多势众，和他们辩论是无用的。这样，每次吃饭对于我简直是活受罪。

云南的生活当然不如北平舒服。有些人的家还在北平，上海或是香港，他们离家太久，每到暑假当然想回去看看，有的人便在这时一去不返了。

等到新校舍筑成，我们搬回昆明。这中间联大有一段很重要的历史，就是在皖南事变时期，同学们在思想上分成了两个堡垒。那年我正休假，在晋宁县住了一年，所以校内的情形不大清楚，只听说有一部分同学离开了学校，但是后来又陆续回来了。

教授的生活在那时因为物价还没有显著的变化，并没有大变动,交通也比较方便,有的教授还常常回北平去看看家里的人。

一般说来,先生和同学那时都注重学术的研究和学习,并不像现在整天谈政治,谈时事。

大学的课程,甚至教材都要规定,这是陈立夫做了教育部长后才有的现象。这些花样引起了教授中普遍的反感。有一次教育部要重新"审定"教授们的"资格",教授会中讨论到这问题,许多先生,发言非常愤慨,但,这并不意味着反对国民党的情绪。

联大风气开始改变,应该从1944年算起,那一年政府改3月29日为青年节,引起了教授和同学们一致的愤慨。抗战期中的青年是大大地进步了,这在"一二·一"运动中,表现得尤其清楚。那几年同学中跑仰光赚钱的固然有,但那究竟是少数,并且这责任归根究底,还应该由政府来负。

这两年来,同学们对学术研究比较冷淡,确是事实,但人们因此而悲观,却是过虑。政治问题诚然是暂时的事,而学术研究是一个长期的工作。有些人主张不应该为了暂时的工作而荒废了永久的事业,初听这说法很有道理,但是暂时的难关通不过,怎能达到那永久的阶段呢?而且政治上了轨道,局势一安定下来,大家自然会回到学术里来的。

这年头愈是年轻的,愈能识大体,博学多能的中年人反而只会挑剔小节,正常青年们昂起头来做人的时候,中年人却在黑暗的淫威面前屈膝了。究竟是谁应该向谁学习?想到这里,我觉得在今天所有的不合理的现象之中,教育,尤其大学教育,是最不合理的。抗战以来八九年教书生活的经验,使我整个地否定了我们的教育,我不知道我还能继续支持这样的生活多久,如果我真是有廉耻的话!

"一二·一"运动始末记

　　自从1944年10月10日，昆明各界举行纪念大会，发表国是宣言，提出积极的政治主张，这里的学生，配合着文化界、妇女界、职业界的青年，便开始团结起来，展开热烈的民主运动，不断地喊出全国人民最迫切的要求。各大中学师生关于民主政治的无数次讲演、讨论和各种文艺活动的集会，各界人士许多次对国是的宣言，以及1944年护国运动纪念，1945年"五四"纪念的两次大游行，这些活动和其他后方各大城市的沉默，恰好形成一个鲜明的对照。在这沉默中，谁知道他们对昆明，尤其昆明的学生，怀抱着多少欣羡，寄托着多少期望！

　　1945年8月，日本正式投降，全国欢欣鼓舞，以为8年来重重的苦难，从此结束。但是不出两月，便在10月3日，云南省政府突然改组，驻军发生冲突，使无辜的市民饱受惊扰，而且遭遇到并不比一次敌机的空袭更少的死亡。昆明市民的喘息未定，接着全国各地便展开了大规模的内战，人人怀着一颗沉重的心，瞪视着这民族自杀的现象。昆明,被人家欣羡和期望的昆明,怎么办呢?是的,暴风雨是要来的,昆明再不能等了,于是11月25日晚,国立西南联合大学、国立云南大学、私立中法大学和省立英语专修学校等四校学生自治会,在西南联大新校舍草坪上,召开了反对内战、呼吁和平的座谈会,到会者5000余人。似乎反动者也不肯迟疑,在教授们的讲演声中,会场四周,企图威胁到会群众和扰乱会场秩序的机关枪、冲锋枪、小钢炮一齐响了,散会之后,交通又被断绝,数千人在深夜的寒风中踯躅着,抖擞着。昆明愤怒了。

翌日,全市各校学生,在市民普遍的同情与支持之下,相率罢课,表示抗议,并要求当局查办包围学校开枪的军队,撤销事前号称地方党政军联席会议所颁布的禁止集会游行的非法禁令。当局对学生们这些要求的答复是什么呢?除种种造谣诬蔑和企图破坏学生团结的所谓"反罢课委员会"的卑劣阴谋外,便是11月30日,特务们的棍子、石头、手枪、刺刀,对全市学生罢课联合委员会宣传队的沿街追打。然而这只是他们进攻的序幕。12月1日,从上午9时到下午4时,大批的特务和身着制服、佩戴符号的军人,携带武器,分批闯入云南大学、中法大学、联大工学院、师范学院、联大附中等5处,捣毁校具,劫掠财物,殴打师生。同时在联大新校舍门前,暴徒们于攻打校门之际,投掷手榴弹一枚，结果南菁中学教员于再先生中弹重伤，当晚10时20分，在云大医院逝世。同时在联大师范学院，正当铁棍、石头飞舞之中，大批学生已经负伤倒地，又飞来3颗手榴弹，中弹重伤的联大学生李鲁连君，仅只奄奄一息了，又在送往医院的途中，被暴徒拦住，惨遭毒打，遂致登时气绝。奋勇救护受伤同学的联大学生潘琰小姐已经胸部被手榴弹炸伤，手指被弹片削掉，倒地后，腹部上又被猛戳3刀，便于当日下午5时半在云大医院的病榻上，喊着"同学们团结呀！"与世长辞了。昆华工校学生张华昌君，闻变赶来救援联大同学，头部被弹片炸破，右耳满盛着血浆，红色上浮着白色的脑浆，这条仅只17岁的生命，绵延到当日下午5时在甘美医院也结束了。此外联大学生缪祥烈君，左腿骨炸断，后来医治无效，只好割去，变成残废。总计各校学生受重伤者11人，轻伤者14人，联大教授也有多人痛遭殴辱。各处暴徒从肇事逞凶时起，到任务完成后，高呼口号，扬长过市时止，始终未受到任何军警的干涉。

这就是昆明学生的民主运动和它的最高潮"一二•一"惨案的概略。

"一二•一"是最黑暗的一天，但也就在这一天，死难四烈士的血给中华民族打开了一条生路。从这天起，在整整一个月中，作为四烈士灵堂的联大图书馆，几乎每日都挤满了成千成万、扶老携幼的致敬的市民，有的甚至从近郊几十里外赶来朝拜烈士们的遗骸。从这天起，全国各地，乃至海外，通过物质的或精神的种种不同的形式，不断地寄来了人间最深厚的同情和最崇高的敬礼。在这些日子里，昆明成了全国民主运动的心脏，从这里吸收着也输送着愤怒的热血的狂潮。从此全国的反内战、争民主的运动，更加热烈地展开，终于在南北各地一连串的血案当中，促成了停止内战、协商团结的新局面。

愿四烈士的血是给新中国的历史写下了最初的一页，愿它已经给民主的中国奠定了永久的基石！如果这愿望不能立即实现的话，那么，就让未死的战士们踏着四烈士的血迹，再继续前进，并且不惜汇成更巨大的血流，直至在它面前，每一个糊涂的人都清醒起来，每一个怯懦的人都勇敢起来，每一个疲乏的人都振作起来，而每一个反动者都战栗地倒下去！

四烈士的血不会是白流的。

给西南联大的从军回校同学讲话

我也是参加校务会议的一分子,但我所讲的只代表我个人。关于治标治本的问题,刚才查先生冯先生说得很清楚,很详细。我也替大家感到很高兴。不过我想,大家是去从军,而不是去治标。这些治标的对象是我们造出来的,所谓"天下本无事,庸人自扰之",自缚自解只是绕圈子而已。但是这种治标,不是我们从军的目的,从军的目的就是治本。假使不抱治本的目的去从军,则我们还配得上做一个知识分子吗?谈到知识分子,我们总以知识分子自夸,觉得很骄傲,很光荣。这,与其说是光荣,不如说是耻辱。由于知识分子少,固然显得宝贵,显得身价高。因此我们的地位之尊贵是由和一般没知识的大众相形之下而成的。所以我们个人之光荣,是以国家之不光荣换得来的。我听到很多从军同学回来诉说在印所受的污辱。如有一个盟军俱乐部,英国、美国、法国……连印度人也准进去,独不准中国人进去,因为他们认为我们是"Chinaman"[1]，不管你知识分子不知识分子。可见你们个人在国内，可以很神气，而在国外，人家就不管你什么东西了。所以国内不改善，在外人看来，你们只是一样的中国人！把这些经历，反省反省，认得清清楚楚，就不会白去了。

我们去从军，受那些连长、排长，那些老粗的虐待，或是过分的恭维，也还是如刀割般苦痛的。我们可以骂他们："正是你们丢了我们的脸，使我们受外国人的罪！"大家想想，为什么他们这样？想一想吧，这原是我们的责任！抗战以来，感到军队里知识分子太少，都希望赶快让知识青年去从军，借此机会改善军队。但是为什么到今日才晓得要找知识青年？根本我们的打仗就不想要知识青年来打的！本来，战争之发动就是用农民壮丁来干，农民去送死，我们去建国。这说来好听，根本当时的军队就没有组织，没有计划。送死，由他们去！以前卖命由他们去，现在就轮到他们管你们了！当初，苦事让人家干，现在因他们而丢脸，我们是不应该把他们当作敌人来仇恨他们或可怜他们，这是错的！这是整个社会制度表现出来的现象。当初他们入伍时，是没有知识就拉过来的，等到入伍后，也从未教一点知识给他们。

---

[1] "Chinaman"（"中国佬"）是19世纪后半段产生的，西方对于华人的侮辱性称呼，属种族歧视词汇。

相反的倒是让他们身体没闲，或者宁愿他们睡死，病死，却千万不要让他们的脑筋清醒，不让他们有知识。

统治者只要奴才去打仗，不要知识分子去打仗！好像现在要打内战，你们肯干吗？所以他们当初一时妙想天开，想找些知识分子去从军。他们一则糊涂，一则聪明。聪明的是这么一来，他们只把你们当一般壮丁一样训练。你们受得了就来，受不来就活不了。他们要把你们壮丁化，麻醉你们；麻醉得越多越好，奴化得越多越好。所以，人家是聪明的，我们就不能太笨了！现在我们可以反省一下，到底是怎样一回事？想对了，也还不愧为一个知识分子。上了当就要变乖和。要知道绝不是几个知识分子抱着空中楼阁的理想，老是想从事改良改良，这么天真就办得到的。但是我们的思想就是我们的武器！只要我们是人，有人格，这人格的尊严就是我们的武器！千万不要自己欺骗自己。做知识分子就要做一个真的知识分子！不是普通的技术青年而要做个智慧的青年！千万不要因为人家多给你们几个钱的待遇就算了事，要从大处看！

今早，有一个从军同学给我一首诗看。好诗，但写得我不同意。他说印度人怎的没希望了。是人就有希望，只要我们团结和觉醒！除非我们是苍蝇，是臭虫……打了8年仗，8年前和8年后的苍蝇都是一样的，是人就变了，受了这么多的苦是会变的！

尽管受尽压迫和痛苦，终有一天是印度人的世界，而不是英国人的世界。印度有希望，何况我们中国！

　　还有一点，以为只有知识分子才有办法，别人一概不成。这种想法是错的。不要以为有了知识分子就有力量，真正的力量在人民。我们应该把自己的知识配合他们的力量，没有知识是不成的，但是知识不配合人民的力量，绝无用处！我们知识分子常常夸大，以为很了不起，却没想到人民一醒觉，一发动起来，真正的力量就在他们身上。一班人活不好，吃不好，联大再好，也是没有用的。我们是知识分子，应有我们的天职。我们享受好，义务也多，我们要努力。但以为自己努力就成了，就根本错！刚才那位写诗的同学说：印度人像没有生命似的，这才厉害。只有我们知识分子才怕死，人家不怕死，浑浑噩噩地把生命分得不清楚，一旦把他们号召起来，还得了！武器在我们手里时，就觉得这是不好玩的，要人命的东西；在他们手里，干起来就拼！因为真正的力量在人民，所以越压迫，越吃苦，报复起来就越厉害！因此我希望诸位无论干哪种工作，不要以为自己是大学生。这不该看成普通的谦虚、一种做人的手段，因为我们确实不如他们。不但口里说，而且心里也硬是要想：我们是不如他们的。我们的知识是一种"脏物"，是牺牲了大多数人的幸福而得来的。可是知识救不了我们；他们那些人敢说敢做，假如真要和我们拼起来，我们只有怕，没有办法！所以，问题就在他们要拼不要拼的问题；如果要，那我们就完了！

  只有在一个合理的社会里，在一个没有人剥削人、人食人的社会里，知识才是一个武器，知识在一个合理的社会里才有大用；不然，是不中用的。所以，我希望各位能较抽象，较远大，较傻劲地看去。我所以说是傻，因为许多人都以他们的经验，说我们这样做是幼稚，是傻。其实我们的经验越多，只越教我们怯懦而已。现在，在军队里，可惜不是你们做主；但假如我们是和人民在一起，我们就有希望了。

最后一次讲演

这几天,大家晓得,在昆明出现了历史上最卑劣最无耻的事情!李先生究竟犯了什么罪,竟遭此毒手?他只不过用笔写写文章,用嘴说说话,而他所写的,所说的,都无非是一个没有失掉良心的中国人的话!大家都有一支笔,有一张嘴,有什么理由拿出来讲啊!有事实拿出来说啊!(闻先生声音激动了)为什么要打要杀,而且又不敢光明正大地来打来杀,而偷偷摸摸地来暗杀!(鼓掌)这成什么话?(鼓掌)

今天,这里有没有特务?你站出来!是好汉的站出来!你出来讲!凭什么要杀死李先生?(厉声,热烈的鼓掌)杀死了人,又不敢承认,还要诬蔑人,说什么"桃色事件",说什么共产党杀共产党,无耻啊!无耻啊!(热烈的鼓掌)这是某集团的无耻,恰是李先生的光荣!李先生在昆明被暗杀,是李先生留给昆明的光荣!也是昆明人的光荣!(鼓掌)

去年"一二·一"昆明青年学生为了反对内战,遭受屠杀,那算是青年的一代献出了他们最宝贵的生命！现在李先生为了争取民主和平而遭受了反动派的暗杀，我们骄傲一点说，这算是像我这样大年纪的一代，我们的老战友，献出了最宝贵的生命！这两桩事发生在昆明，这算是昆明无限的光荣！（热烈的鼓掌）

反动派暗杀李先生的消息传出以后，大家听了都悲愤痛恨。我心里想，这些无耻的东西，不知他们是怎么想法，他们的心理是什么状态，他们的心怎样长的！（捶击桌子）其实简单，他们这样疯狂地来制造恐怖，正是他们自己在慌啊！在害怕啊！所以他们制造恐怖，其实是他们自己在恐怖啊！特务们，你们想想，你们还有几天？你们完了，快完了！你们以为打伤几个，杀死几个就可以了事，就可以把人民吓倒了吗？其实广大的人民是打不尽的，杀不完的！要是这样可以的话，世界上早没有人了。

你们杀死一个李公朴，会有千百万个李公朴站起来！你们将失去千百万的人民！你们看着我们人少，没有力量？告诉你们，我们的力量大得很，强得很！看今天来的这些人都是我们的人，都是我们的力量！此外还有广大的市民！我们有这个信心：人民的力量是要胜利的，真理是永远要胜利的，真理是永远存在的。历史上没有一个反人民的势力不被人民毁灭的！希特勒，墨索里尼，不都在人民之前倒下去了吗？翻开历史看看，你们还站得住几天！你们完了，快了！快完了！我们的光明就要出现了。我们看，光明就在我们眼前，而现在正是黎明之前那个最黑暗的时候。我们有力量打破这个黑暗，争到光明！我们光明，恰是反动派的末日！（热烈的鼓掌）

李先生的血不会白流的！李先生赔上了这条性命，我们要换来一个代价。"一二·一"四烈士倒下了，年轻的战士们的血换来了政治协商会议的召开；现在李先生倒下了，他的血要换取政协会议的重开！（热烈的鼓掌）我们有这个信心！（鼓掌）

"一二·一"是昆明的光荣，是云南人民的光荣。云南有光荣的历史，远的如护国，这不用说了，近的如"一二·一"，都属于云南人民。我们要发扬云南光荣的历史！（听众表示接受）

反动派挑拨离间，卑鄙无耻，你们看见联大走了，学生放暑假了，便以为我们没有力量了吗？特务们！你们看见今天到会的1000多名青年，又握起手来了，我们昆明的青年绝不会让你们这样蛮横下去的！

反动派，你看见一个倒下去，可也看得见千百个继起的！

正义是杀不完的，因为真理永远存在！（鼓掌）

历史赋予昆明的任务是争取民主和平，我们昆明的青年必须完成这任务！

我们不怕死，我们有牺牲的精神！我们随时像李先生一样，前脚跨出大门，后脚就不准备再跨进大门！（长时间的鼓掌）

战后文艺的道路

"道路"不一定是具体计划，只是一种看法；战后不是善后，善后是暂时的，战后是相当长时期的将来。根据已然推测必然，是科学的客观预见，历史是有其客观的必然性的，所以要讲到战后文艺的道路，必须根据文学史及社会发展做一番讨论。

关于文学史，应根据新的世界观来分析：我们承认最根本决定社会之发展的是阶级，有统治阶级，有被统治阶级。中国过去的文学史却抹杀了人民的立场，只讲统治阶级的文学，不讲被统治阶级的文学。今天以人民的立场来讲文学，对统治阶级的文学亦不抹杀。

观察中国的社会，有下面几个阶段：

一，奴隶社会阶段。

二，自由人阶段。

三，主人阶段。

奴隶社会的组织是奴隶和奴隶主，自由人是解放了的奴隶，战国和西汉的奴隶气质在文学上很明显,魏晋以后嵇康、阮籍解放了,但由建安到今天都无大变。

建安前是奴隶文艺,建安后是自由人的文艺。奴隶的反面不是自由人,奴隶的反面是主人。西方民主国家还要争自由,何况中国!奴隶是有主人的奴隶,自由人是脱离主人的奴隶。今后的主人,则是没有奴隶的主人;有奴隶的主人是法西斯。

现在再看每个阶段的特质。

一　奴隶阶段

今天所谓奴隶与历史上的奴隶不同,真性奴隶是无身体自由的,使其身体亏损如劓、刖、墨、宫等是奴隶的象征,再一种是手铐脚镣的束缚,这可呼为真性的奴隶。和这相反的要身体有自由发育,自由活动的才是主人。

在真性奴隶社会中作业是分工的,主人也做事,大致为君、为政、战争、行刑是主人干的,他做事是自由的。奴隶的事,一是物质生产的技术,如农工等类;一是非物质的生产,如艺术、卜卦、算命、音乐。统治者担任的是治术,奴隶担任的是技术和艺术。技术供主人消费,艺术供主人消遣。历史上有名的音乐家师旷是瞎子,可以作为证明。

古代的艺术家是奴隶干的,如王维在《唐书》上就没有他的传,因为他是奴隶;干艺术是下流的,像今天看戏子如娼妓是一个样。荆轲的好友高渐离会击筑,为秦始皇挖去二目,再来听他的音乐。如果身体不亏损,你就只能做汉武帝时候的李延年,汉武帝当他作女人看。

真性奴隶社会在战国时是没有了,在春秋时即已逐渐瓦解。但奴隶社会的遗留太多,太明显,《史记·滑稽列传》淳于髡为齐国赘婿,髡是受剃了发的髡刑的,名字都已证明他是奴隶了。其他屈原、宋玉、东方朔、枚皋、司马迁都是奴隶,司马迁受宫刑是奴隶的标帜,这些人比真性社会的奴隶身体稍自由。

古代艺术家身体上受创伤,心理上也受创伤,常云"文穷而后工";厨川白村的《苦闷的象征》谓"不自由即奴隶的别名"。艺术是身体或心理受创伤后产生的花朵,是用血泪来培养的。金鱼很好看,是人看它好看,金鱼的本身并不会觉得好看;盆景也如此。在阶级社会里的文艺都是悲惨的,一般有天才的奴隶为要主人赏识,主人免其劳动而养活他,他就歌功颂德,宣扬统治者的思想,为主人所豢养,帮助主人压迫其同类。技术奴隶如傅说的版筑。因此我们可以说:一,技术是不自由的劳动;二,文艺是不自由的不劳动;三,治术是自由的不劳动;四,帮闲文人寄生者是不自由的不劳动。

当艺术家作为消闲的工具时是消极的罪恶，但当艺术家去替统治者做统治的工具时，就成了积极的罪恶。

除了人民自己的文艺之外，一切的文艺都是奴隶做的。今日的文艺传统不是如《诗经》那样由人民的传统来，而是由奴隶来，所以往往做了奴隶的子孙而不自察。

二　自由人阶段

自封建时代奴隶的解放，就有了自由人，自由人的实际地位是自己选择自己的道路，愿不愿做奴隶？儒家愿做奴隶，道家不愿做奴隶。所以：

一，楚狂避世，怕惹祸。

二，杨朱不合作，为我，先顾自己，不管他人是非。你是你，我是我，我不惹你，你莫管我，但承认人家的势力。

三，程明道、程伊川一个对妓女坐，一个背妓女坐，人家批评他俩一个是目中有妓，心中无妓，一个是目中无妓，心中有妓。这种是忘了你我，逃避在观念社会里，我不见妓女，就没有妓女。

四，庄周梦为蝴蝶，但庄周并不能为蝴蝶。

前三种是逃避他人，庄周却逃避自己。

五，东方朔避世朝廷；小隐山林，大隐朝廷，只要我心里没有官，做了官也等于不做官。

六，唐司马承祯居长安终南山，为做官的终南捷径，后来就做官[1]。

七，先做官而后归隐。

八，可怜主人而去帮忙。

以下道家儒家不能分。这些人象征思想的解放，春秋后此种思想即已产生，东汉魏晋以至今日，都是这一种传统没有变。到了近一百年，除了做自己人的奴隶外，还要做外国人的奴隶。

自由人是被解放了的奴隶，但我们今天还一直跟着这后尘。

上面列举的前四种人的态度是诚恳的，自己求解放；后面几种人都是自己骗自己。由魏晋到盛唐，勉强可以，以后就不行了。唐以后的诗不足观，是人根本要不得。前面的解放只是主观的解放，自己在麻醉自己。自己麻醉不外饮酒，看花，看月，听鸟说甚，对人的社会装聋，表现在艺术作品中的麻醉性，那就更高。魏晋艺术的发展是将艺术当作麻醉的工具，阮籍怕脑袋掉是超然，陶潜也是逃避自己而结庐在人境，是积极地为自己。阮是消极地为人，阮对着的是压迫他的敌人，是有反抗性的；陶没有反抗性，他对面没有敌人，故阮比陶高。阮是无言的反抗，陶

---

[1] 司马承祯并未隐居终南山，而是卢藏用。卢藏用劝司马承祯隐居终南山，司马承祯说"终南山只是通向官场的一条捷径罢了"。

是无言而不反抗,能在那里听鸟说甚,他更可以要干什么便干什么。

西洋艺术为宗教,解放了的自由人则为艺术而艺术,到贵族打倒后,没有反抗性而变为消极的东西。

总结以上有怠工的奴隶,有开小差的奴隶,有以罢工抬高价钱的奴隶。各种奴隶都有,但没有想做主人的。这些人虽间不容发,但是都没有想到当主人。倒是农民想要当主人反而当成了,如刘邦、朱元璋是;张献忠、李自成、洪秀全等是没有当成功的。士大夫只想做官,只想到最高的理想最大胆的手腕是做一人之下万人之上的宰相。这种人不需要革命,无革命的观念和欲望,故士大夫从来不需要革命。农民从来得不到主人给他的面包渣、骨头,故他可以反抗,可以成功。

往后要做主人,要做无奴隶的主人。

三　主人阶段

自由人不是主人,但像主人,似是而非。士大夫做自由人就够了,无须为主人,等自由人的自由被剥夺了,成了有形的奴隶,他就可以回头来帮助别人革命。最不能安身的是奴隶农民,因为他无处藏身,他就要起来积极地革命。

法西斯要将人都变成奴隶,每个人都有当奴隶的危机,大家要反抗，抗了法西斯，不仅要做自由人，而是要真正做主人。

所以我对于战后文艺的道路有三种看法：

一，恢复战前。

二，实现战前未达到的理想。

三，提高我们的欲望。

前两种都较消极，第三种却是积极的提高，因为打了仗后，人民理想的身价应与今日的通货膨胀一样地增高。今日有人要内战，我们当然要更高的代价，这是历史发展的必然性。战后之文艺的道路是要做主人的文艺。

有了战争就产生了我们新的觉悟，我们认清自己身份的本质，我们由做奴隶的身份而往上爬，只看见上面的目的地而只顾往上爬，不知往下看。虽然看见目的地快到，但这是我们的幻觉，有随时被人打下来的危险。我们不能单往上看，而是要切实地往下看，要将在上面的推翻了，大家才能在地上站得稳。由这个观点上看：如果我们仅只是追求我们更多的个人自由，让我们藏得更深，那就离人民愈远。今天我们不这样逃，更要防止别人逃，谁不肯回头来，就消灭他！

我们大学的学院式的看法太近视，我们在当过更好一点的奴隶以后，对过去已经看得太多，从来不去想别的，过去我们骑在人家颈上，不懂希望及展望将来的前途，书愈读得多，就像耗子一样只是躲,不敢想,没有灵魂,为这个社会所限制住,为知识所误,从来不想到将来。

将来这条道路,不但自己要走,还要将别人拉回来走,这是历史发展的法则。如果还有要逃的,消灭他,服从历史。

调整大学文学院中国文学外国语文学二系机构刍议

建议

将现行制度下的中国文学系（文学组，语言文字组）与外国语文学系改为文学系（中国文学组，外国文学组）与语言学系（东方语言组，印欧语言组）。

说明

旧制的特点，是中西对立，语文不分。我们愿就这两点来检讨一下。先讲中西对立。现在大学中文、法两学院绝大多数学系所设的课程，都包括本国的与外国（西洋）的两种学问：如哲学系讲中国哲学，也讲西洋哲学；政治学系讲中国政治制度和思想，也讲欧美政治制度和思想。但现在并没有一个大学把中国哲学和西洋哲学，或把中国政治学和西洋政治学分为两系的。这便是说：绝大多数文、法学院的系是依学科性质分类的。唯一的例外是文学语言，仍依国别，分作中国文学与外语文学两系。这现象显然意味着前者（绝大多数系）的分类是正常的，后者（文学语言）是畸形的。

畸形现象的存在，当然不是没有原因的。如所周知，近百年来中国社会的性质是半封建半殖民地的。我们不能讳言，许多大学的中国文学和外国语文学两系，恰好代表着这两种社会的残余意识，至少也犯着那种嫌疑。一方面是些以保存国粹为己任的小型国学专修馆，集合着一群遗老式的先生和遗少式的学生，抱着发散霉味的经、史、子、集，梦想五千年的古国的光荣。一方面则，恕我不客气，称它为高等华人养成所，唯一的任务是替帝国主义（尤其是大英帝国主义）承包文化倾销，因此你也不妨称他们为文化买办。他们的利得的来源正是中国的落后性。这些典型的中国文学系和外国语文学系，无疑都是我们亲眼见过的，甚至亲身经历过的。虽然近年来情形已在转变，可是我们不能不承认，残余的习气，在许多大学的这两系中，依然保存得不少。

上述典型的中国文学系和外国语文学系，各处极端，不易接近，甚至互相水火，是不用讲的。但这现象并不妨碍两边都有着反动分子出现，不，正因极端，才会反动。极端守旧的国粹派学起时髦来比谁还要肉麻，相反地，假洋鬼子也常常会醉心本位文化到歇斯底里的程度。这样的分子，目前在两系中，也是有的，但对于真正沟通融会中西文化的工作，大概不会起什么作用；因此，在历史演化的进程中，许多原来中西分设的学系都合流了，直到今天，文学语言仍然是中西对立、各不相干的两系。

（以上是闻先生的原文，以下是就闻先生的原稿的纲要连缀而成。）

再讲文语不分

我们先是有中国文学系和外国文学系，中国文学系以文学为主，文字学是文学的附庸。固然我们在传统上也注重所谓小学，认为读书必先识字，但是小学究竟只是工具，没有独立的地位。所以包括形、音、义的文字学，虽然指引学生去研究语言的符号和符号的声音，真正对它发生兴趣的却不多。外国文学系的情形恰相反，好像"译学馆"，专重语言训练，特别是英语训练，自然也教授文学名著，但只是借文学名著训练语言，这是第一期。

第二期是走向分化的路。外国文学系改为外国语文学系，除英语外也注重第二外国语，并且有了古典语言（希腊、拉丁）与梵语的科目。中国文学系也分了文学、语言文字二组，语言文字组注重语音、文字、文法以及少数民族语言的研究。于是语言由"附庸蔚为大国"。

上文的建议是根据语言学发展的趋势与新时代的新使命得来的。先说前者。

所谓语言学发展的趋势,就是语言学的科学化。语言学已经成为科学,中国语言文学的研究是这门科学的一个分支;而文学是属于艺术的范畴。文学的批评与研究虽也采取科学方法,但文学终非严格的科学,也不需要,不可能,不应该是严格的科学。语言学与文学并不相近,倒是与历史考古学,尤其社会人类学相近些。所以让语言学独立成系,可以促进它本身的发展,也可以促进历史考古学与社会人类学的发展。一方面在语言训练上也因为集中而更容易收效些。但现在我们要有自主的外交,除英美外,应增进与欧洲大陆的关系,尤其是与苏联的关系,所以我们应注重欧洲各个主要的语言,不能只以英语为主。另一方面我们要争取国内少数民族的合作,要领导东方弱小民族的发展,扶助东方殖民地的解放,这责任在中国人身上,所以应发展东方语言。

这就说到了新时代的新要求,战后时代转变了,次殖民地解放了,中国要近代化。我们要继续大革命后反封建反帝国主义的努力,不复古,也不媚外。这是新中国的开端。文学应配合我们的政治经济及一般文化的动向,所谓国情,自主地接受本国文化与吸收西洋文化。说文学是精粹的语言,等于说文学是修辞学,偏重形式,是错误的。我们要放大眼光,建设本国文学的研究与批评,及创造新中国的文学,是我们的目标;采用旧的,介绍新的，是我们的手段。要批判地接受，有计划地介绍，要中西兼通。我们建议文学系分为中国文学与外国文学两组，这两组出发点虽不同，归趣则一。这是统一目标，分工合作；这是有计划的分工，有系统的合作。

我们认为调整大学文学院中国文学外国语文学二系机构，是民族复兴中应有的"鸿谟"。

闻先生去年暑假前曾经口头向清华大学提出这个建议，但是一时还不能够施行。这篇文章不幸未曾完成，可是纲要是完成了的。他的建议很值得大家讨论，所以我将原稿连缀成篇发表。

1947年12月5日朱自清记

愈战愈强

回忆抗战初期,大家似乎不大讲到"胜利",那时的心理与其说是胜败置之度外,还不如说是一心想着虽败犹荣。敌人是以"必定胜"的把握向我们侵略,我们是以"不怕败"的决心给他们抵抗。你无非是要我败,我偏偏不怕败,我不怕败,你便没有胜。那时人民的口号是"豁出去了"!"跟你拼了"!政府的策略是"破斧沉舟",是"置之死地而后生"。人民和政府都不怕败,自然大家也不讳败,结果是我们愈败愈奋勇,而敌人是真把我们没办法。

武汉撤退以后,渐渐听到"争取胜利"的呼声,然而也就透露了怕败的顾虑了。

开罗会议以后,胜利俨然已经到了手似的,而一般现象,则正好表示着一些人的工作,是在"争取失败"。事实昭彰,凡是有眼睛的都看到了,有良心的都指出了,这里无须我再说,我也不忍再说,于是愈是趋向失败,愈是讳言失败。自己讳言失败,同时也禁止旁人言失败。是否表面上"失败"绝迹了，暗地里便愈好制造失败呢？抗战到了这地步，大概也是一种"置之死地而后生"的办法吧？好了，那我以老百姓的资格，也就"豁出去了"！"跟你拼了"！

所以我今天想要算账！

算账是一件麻烦事，但不要紧，大的做大的算，小的做小的算，反正从今以后，我不打算有清闲日子了！

比如眼前在我们昆明，就有一笔不大不小的账值得算一算。

昨天早起出门找报看，第一家报纸给我了一个喜讯，它老老实实地告诉我，衡阳的仗咱们打好了一点，我当然很高兴。但是看到第二家报纸，却把我气昏了，就因为那标题中"我军愈战愈强"6个大字。

编辑先生！我是有名有姓的，我虽不知道你姓名，但你也必然有名有姓，你若是好汉，就请出来跟我算清这笔账了！你所谓"愈战愈强"者，如果就是今天另一家报纸标题所谓"愈战愈奋"的意思，那我就原谅你，我可怜你中国人不大会处理中国文字。如果你那"强"字是什么"四强之一"那类"强"的意思，那我就要控告你两大罪状：一，你侮辱了我们老百姓的人格；二，你出卖了你的祖国。

难道你就忘记了，卢沟桥的烽火一起，我们挺身应战，是为了我们有十二万分胜算的把握吗？老实告诉你，除了存心利用抗战来趁火打劫的败类之外，我们老百姓果真是怕败的话，就早已都投汪精卫去了。我相信在自由中国，每一个良善的中国人，当初既是抱了拼命的决心，胜也要打，败也要打，今天还是抱定这决心，胜也要打，败也要打，何况国际的客观环境已经好转，谁又是那样的傻子，情愿让它"功亏一篑"呢？所以你如果多多给我们报道些自身的缺点，那只会增加我们的戒惧心，刺激我们的努力。你以为我们真是那样"闻败则馁"的草包吗？你若那样想，便把我们看同汪精卫之流了，你晓得那是侮辱别人的人格吗？

诸位，记住我们人民始终是要抗战到底的，万一敌人进攻，万一少数人为争夺权利闹意气而不肯把实力拿出来抵抗敌人，我们也自有我们的办法，不要害怕，不管人家怎样，我们人民自始至终是有决心的，而有决心自然会有办法。还要记住昆明在国际间"民主堡垒"的美誉，我们从今更要努力发扬民主自由的精神，哪一天我们的美梦完成了，我们从黑暗中造出光明来了，到那时中国才真不愧四强之一。强在哪里？强在我们人民，强在我们人民呀！今天政府不给人民自由，是他不要人民，等到那一天，我们人民能以自力更生的方式强起来了，他自然会要我们的。那时我们可以骄傲地对他说："我们可以不靠你，你是要靠我们的呀！"那便是真正的民主！我们今天要争民主，我们便当赶紧组织起来，按照实现那个美梦的目标组织起来，因为这组织工作的本身便是民主，有了这个基础，我们便更有资格、更有力量来争取更普遍的、完整的和永久的民主政治。

闻败则馁的必也闻胜则骄，你既把我们当作闻败则馁的人，那你泄露了（杜撰吧？）许多乐观的消息，难道又不怕我们骄起来吗？明知骄是抗战的鸩毒，而偏要用"愈战愈强"来灌溉我们的骄，那你又是何居心？依据你自己的逻辑，你这就是汉奸行为，因此你是出卖了你的祖国，你又晓得吗？

我们倒不怕承认自身的"弱"，愈知道自身弱在哪里，愈好在各人自己的岗位上来尽力加强它。你说我们"愈强"，我倒要请你拿出事实来，好教我们更放心点，谁不愿意自己强呢！但信口开河是不负责任，存心欺骗更是无耻。6个字的标题，看来事小，它的意义却很重大。

用这字面的，本不只你一人，但是，先生，恕我这回拗住你了！你气得我一顿饭没吃好啊！然而如果在原则上你是受了谁的指示，那个指示你的人不也该是有名有姓的吗？如果他高兴，就请他出来说明也好。抗战是大家的抗战，国家是大家的国家，谁有权利来禁止我发问！

组织民众与保卫大西南

诸位！我们抗战了7年多[1]，到今天所得的是什么？眼看见盟国都在反攻，我们还在溃退，人家在收复失地，我们还在继续失地。虽然如此，我们还不警惕，还不悔过，反而涎着脸皮跟盟友说："谁叫你们早不帮我们，弄到今天这地步！"那意思仿佛是说："现在是轮着你要胜利了，我偏败给你瞧瞧！"这种无赖的流氓意识的表现，究竟是给谁开玩笑！溃退和失地是真不能避免的吗？不是有几十万吃得顶饱，斗志顶旺的大军，被另外几十万喂得也顶好，装备得顶精的大军监视着吗？这监视和被监视的力量，为什么让他们冻结在那里？不拿来保卫国土，抵抗敌人？原来打了7年仗，牺牲了几千万人民的生命，数万万人民的财产，只是陪着你们少数人斗意气的？又是给谁开的玩笑！几个月

---

[1] 本文写于1944年，过去认为1937年"七七"事变是全国性抗战的开始，故说"7年多"。2015年之后，普遍认为抗日战争应以1931年"九一八"事变为开端，至1945年日本签订投降书止，是"14年抗战"。本书保留作者写作时的说法。

的工夫，郑州失了，洛阳失了，长沙失了，衡阳失了。现在桂林又危在旦夕，柳州也将不保，整个抗战最后的根据地——大西南受着威胁，如今谁又能保证敌人早晚不进攻贵阳，昆明，甚至重庆？到那时，我们的军队怎样？还是监视的监视，被监视的被监视吗？到那时我们的人民又将怎样，准备乖乖地当顺民吗？还是撒开腿逃？逃又逃到哪里去？逃出去了又怎么办？诸位啊！想想，这都是你们自己的事啊！国家是人人自己的国家，身家性命是人人自己的身家性命，自己的事为什么要让旁人摆布，自己还装聋作哑！谁敢掐住你们的脖子！谁有资格不许你们讲话！用人民的血汗养的军队，为什么不拿出来为人民抵抗敌人？以人民的子弟组成的队伍，为什么不放他们来保卫人民自己的家乡？我们要抗议！我们要叫喊！我们要愤怒！我们的第一个呼声是：拿出国家的实力来保卫大西南，这抗战的最后根据地的大西南！

但是，今天站在人民的立场，我们一方面固然应当向政府及全国呼吁，另一方面我们也得认清我们人民自身的责任与力量。对于保卫大西南，老实说，政府的决心是一回事，他的能力又是一回事，郑州、洛阳、长沙、衡阳的往事太叫我们痛心了。保卫国土最后的力量恐怕还在我们人民自己的身上，一切都有靠不住的时候，最可靠的还是我们人民自己。而我们自己的力量，你晓得吗？如果善于发挥，善于利用，是不可想象的强大呀！今天每一个中国人，以他人民的身份，对于他自己所在的一块国土，都应尽其保卫的责任，也尽有保卫的方法。我们这些在昆明的人无论本省的或外来的，对于我们此刻所在的这块国土——昆明市，在万一他遭受进攻时，自然也应善用我们自己的方法来尽我们自己的责任。诸位，昆明在抗战中的重要性，不用我讲，保卫昆明即所以保卫云南即所以保卫大西南，保卫大西南即所以保卫中国，不是吗？

在今天的局势下，关于昆明的前途，大概有三种看法，每种看法代表一种可能性。第一种是敌人不来，第二种是来了被我们打退，第三种是不幸我们败了，退出昆明。第一种，客观上即会有多少可能性，我们也不应该做那打算，果然那样，老实说，那你就太没有出息了！我们应该用奋发的心情准备迎接敌人的进攻，并且立志把他打退，万一不能，也要逼他付出相当代价，再做有计划的、有秩序的、荣誉的退却。然后走到敌后，展开游击战争，给敌人以经常的扰乱与破坏，一方面发动并组织民众，使他成为坚强的自卫力量，以便配合着游击军。等盟国发动反攻时，我们便以地下军的姿态，卷土重来，协同他们作战以至赶走敌人，完成我们的最后胜利。我们得准备前面所说的第二种，甚至干脆的就是第三种可能的局面，我们得准备迎接一个最黑暗的时期，然后从黑暗中，用我们自发的力量创造出光明来！这是一个梦,一个美梦。可是你如果不愿意实现这个梦,另外一个梦便在等着你,那是一个噩梦。噩梦中有两条路,一条是留在这里当顺民,准备受无穷的耻辱;一条是逃,但在还没有逃出昆明城郊时,就被水泄不通的混乱的人群车马群挤死,踏死,辗死,即使逃出了城郊,恐怕走不到十里二十里就被盗匪戮死,打死,要不然十天半月内也要在途中病死饿死……衡阳和桂林撤退的惨痛故事,我们听够了,但昆明如有撤退的一天,那惨痛的程度,不知道还要几十倍几百倍于衡阳桂林!诸位,你能担保那惨痛的命运不落到你自己头上来吗?噩梦中的两条路,一条是苟全性命来当顺民,那样可以说是一种"不自由的生",另一条是因不当顺民就当难民,那样又可说是一种"自由的死"。但是,诸位试想为什么必得是:要不死便不得自由,要自由就得死?自由和生难道是宿命的仇敌吗?为什么我们不能有"自由的生"!是呀!到"自由的生"的路就是我方才讲的那个美梦啊!敌人可能给我们选择的是不自由和死,假如我们偏要自由和生,我们便得到了自由的生,这便叫作"置之死地而后生"。

1944 年

谨防汉奸合法化

百年以来,中华民族的历史是一部不断的反帝国主义反封建的斗争史,8年抗战依然是这斗争的继续。由于帝国主义与封建势力永远是互相勾结,狼狈为奸的,所以两种斗争永远得双管齐下。虽则在一定的阶段中,形式上我们不能不在二者之中选出一个来作为主要的斗争的对象,但那并不是说,实质上我们可以放松其余哪一个。而且斗争愈尖锐,他们二者团结得也愈紧,抓住了一个,其余一个就跑不掉,即令你要放走他,也不可能。这恰好就是目前的局势。对外民族抗战阶段中的敌伪,就是对内民主革命阶段中的帝(国主义)封(建势力),这是无须说明的,而目前的敌伪,早已在所谓"共荣圈"中,变成了一个浑一的共同体,更是鲜明的事实。现在日寇已经投降,惩治日寇战犯的办法,固然需待同盟国共同商讨,但惩治汉奸是我们自己的事,然而直到今天,我们还没有听见任何关于处理汉奸的办法。

当初我们那样迫切要求对日抗战,一半固然因为敌人欺我太甚,一半也是要逼着那些假中国人和抱着委曲勉强做中国人的中国人,索性都滚到他们主子那边去,让我们阵线上黑白分明,便于应战,并且到时候,也好给他们一网打尽。果然抗战爆发,一天一天,汉奸集团愈汇愈大,于是一年一年,一个伪组织又一个伪组织,一批伪军又一批伪军。但是那时我们并不着急,我们只有高兴,因为,正如上面所说,这样在战术上是于我们绝对有利的。可是到了今天,8年浴血苦斗所争来的黑白,恐怕又要被搅成8年以前黑白不分的混沌状态了。这种现象是中国人民所不能忍受的。硬把汉奸合法化了,只是掩耳盗铃的笨拙的把戏,事实的真相,人民心头是雪亮的。并且按照逻辑的推论,人民也会想到:使汉奸合法化的,自己就是汉奸,而对于一切的汉奸,人民的决心是要一网打尽的。因此,我们又深信8年抗战既已使黑白分明,要再混淆它,已经是不可能的。谁要企图这样做,结果只是把自己混进"黑名单"里,自取灭亡之道!

辑二 西行日记

回忆与感想·西行日记

1942年

5月28日　星期四

下午雨止，至北站挂出行李。同行者苏光曜（甲第）、祝汉卿（泉绪）、李传婉女士（苏夫人），与余共4人，行李共7件（合147公斤）。自雷米路至北车站铁丝网外，每人黄包车钱5元。有脚夫来接，提行李，共付日军票1.2元，国币3元。再由红帽人来接，提付检查处，每件2元。检查甚随便。至行李房挂票，每件日票2角，过磅费合共2.1元（日票）。遂购月台票出站而归。时日票1元＝国币11元。余等行李中无违禁品，亦不带逾量之统制品，故一无困难，但照如此情形，即带些亦无关碍也。

5月29日　星期五

天明，母亲来帮理行装。大行李共二件（一手提大皮箱，一旅行铺盖袋），昨日已挂出。今整理小物件，纳入一小旅行包中。撷馨、三姊、澄心、李世清送水果食物，携之。匆忙至甘世东路苏君处同出发，祝君亦已来。同坐22路公共汽车至大世界，换车至北站，坐急行车赴常州。上午新钟9时半开，下午1时许到常州（票价钱4.6元，加快1.1元）。到常州住城内大成旅馆（房间7元）。余与祝君同室。饭后，访同泰昌棉布号一汪君，祝君之友所介绍也。常州尚在清乡区中，住旅馆要铺保，因汪君来视，旅馆中人见有本地人招呼，遂略此手续。同汪君至和桥船码头，取得旅行证之申请书而归。

5月30日　星期六　晴

上午至常州车站取出行李，已过期，多付过期费日元1.4元。自大成旅馆迁出，住东方旅馆。东方在西门外，近和桥船码头，较便也。行李自车站至东方，绕城外，不进城，可以免检查之麻烦也。汪君及汪君之友潘昇曜君来，知为妥当计，待将申请书换到常州——和桥清乡特别旅行证而后行，于是须在常州多住二日。我想回沪一行，再取稿件等。又在沪启行时匆忙中忘套鞋一双，亦想取回。苏君恐钱不足，亦想回申取钱。但结果均未实行。下午至天宁寺游览，寺在东门城外，寺有松林。寺甚大，但一部分为日军所占，仅游大殿、藏经楼、香积厨、斋堂、火葬所、骨灰塔等。

5月31日　星期日　晴

留常州住西门外东方旅馆。常州米250元一石，较上海大廉（时上海至600元）。虾、鱼皆廉，清炒虾仁一大盘8元。

奎宁片在常州售1.8元一片。余补购套鞋一双46元，可可粉半磅18元，凡士林半磅15元。

是日在旅社无聊，租牌雀战，祝君独负。

6月1日　星期一

此间见有道士打醮，在一商场内，多人集唱昆曲，吹打俱齐。惜未细听，不知正唱何曲耳。

常州点心有荤油糖饼、元宵等，尚可口。

常州正在清乡，城门口须出示县民证，行李受检查。但亦不至十分留难。

常州旅馆，茶房之权力最大，账房不大管事。茶房数日调班，调班时必使客人算账，不论客人之是否续住也。

下午，潘君交来清乡旅行证。定明晨出发。

6月2日　星期二

天未明即起。祝君连夜失眠，甚感不适，余亦患胃痛。

雇二车运行李至码头，6时半开船。船用小汽油船拖一大船。

余等坐一小舱，尚舒适，又可至甲板上躺着。船行小河中，两岸风景与松江乡下相同，皆田村也。至马公桥，有日人所设"大检问所"，人均上岸，行李放在船上，打开，有人上船检查。上岸之人均须出示证件：（1）常州县民证，（2）清乡通行证，（3）宜兴回乡证，有三者之一者皆许通过（在上海时闻回乡证未必有用）。在申时闻及种种难关，今顺利通过，略无困难，反悔未多带稿件书籍也。

午时在船上饭，每客4元，尚可口。

下午1时抵和桥，住新新旅馆。祝君去拜会陈镇长，余等去见信一银号之周观海，并自卫团营长王杏溪。杏溪后即送4张自由区通行证来，并允帮助找一熟人雇船送至张渚。晚上周观海来同祝、苏二君同出，去见王、周两人所介绍之导行者吴瑞林君，讲定护送费并船费合共400元，送至徐舍。

余在申时访杨蓬挺君，介绍其弟杨宝时君，在和桥宝丰纱号，访之。据云，彼有熟船常装货至张渚，只要200元即可。但其后接洽此船中人，云后日方开，且亦不须200元，因其以装货为主，我等但出搭船费每人十数元即可，行李出小费。唯经公议后，均主张速行。再则王杏溪所介绍者安全似较有保障。苏君夫妇倾向于此，我未便阻挡。

和桥自卫团区域，团长程维新。虽有日人，畏惧不轻出，汪政府之势力至此亦微，贮备票有些店铺用，亦有不用者，无兑换处。

旅馆极恶劣，夜多跳蚤，不能成眠。

6月3日　星期三　雨

众云与其带钞票，不如带些货物入内地。苏太太买洋烛，余买套鞋（双元牌）一打，费洋300元。

晨8时上船，船极小而低，伛身而入。又大雨，四人坐舱中，局促不安。盖吴君用60元代价租此小船，余等始觉其赚钱太多，但言语之间，不敢开罪。

午时烹鲫鱼佐膳。大雨如注。

午后4时许，要越过警戒线。吴君先上岸，徐行去设法，而藏船于芦苇中（余等之船乃一捉鱼船）。久待吴君不至而有一人来，穿蓑衣笠帽立岸上，谓余舟人曰：可前。遂前。至桥下，桥下有木桩三，加铁丝其上。舟人遂前拔一桩，桥上望风者有四五人之多，船疾摇而过，舟人又回舟将桩放好，以石敲下之。此时间不容发，倘为日哨兵窥见，我侪皆无死所矣。空气甚紧张，祝君尤惊怖。既通过此桥下，复前有8里路，皆须疾摇而过，因恐日哨兵望见也。日哨兵有站，左右两站，距此桥皆有三四里，此桥在两站之间，遂为偷渡之所。其后闻人言，日哨兵在4时后即归站，不复巡逻，大雨更不出，故余等实安全。唯吴君邀功，绝不以此中奥秘公开言之，故造成极紧张之空气。又彼岸上人言先余等之舟已有三舟，亦皆拔桩而过矣。故可知为惯行之手段，而吴君则云彼上岸去找乡长甲长，接洽妥善而后行事，故极费时间，又其事几于不成，幸乡长在家，看其情面而允之，云云，皆妄诞也。盖船已至此，绝无退还之理，而吴君以导送此道为业，来回数十次，岂有每次皆须接洽磋商乎？据余等以前所闻，预送费用，自有人将桩拔起，放船过去。今须舟中人自拔，又须回船装好，又行之于白日，又桥上有观者四五人，皆极危险也。据舟中人云，彼拔桩已两次，亦不明其意义之严重，彼仅得薄酬而犯死地，可怜也。舟人之妻劝彼勿拔，亦不云危险，但云恐拔不起，不如回舟绕道，后闻此木桩入水仅四五寸，故舟中人直前拔之，勇气可嘉。余等四人皆缩入舟中屏息不语。舟更过8里，复至一桥，其下堆树木为阻，唯右侧有隙，小舟适可摇过，此亦警戒线也。至此始知吴君特租小舟之原因。盖如要拔两桩，费用比较大，而此处亦不能绝不费事而通过也。

于是船入马公塘中，塘有西湖之大，周回十数里。闻多匪类，吴君大约与之皆有交情，可以不惧。出马公塘，至某处，有人持手枪尾船而来，云欲检查，吴君遥招呼之，遂不上船。问之吴君，云是税局中人，而从语气中流露，吴君亦是近段人，其家亦设一税局，养弟兄三四人也。

船过牛角地，始入自由区，已脱险地。天已晚，不及赴徐舍，止泊于高草圩下。

时夜幕已张，大雨如注，吴君上岸云觅熟人家借宿。久不见来，余继之上岸，连问数家，亦不悉吴君所在，至为着急。久之吴君来，乃导往一家，道路泥泞，入门知其家姓蒋，外室中养蚕。其家老幼男女十数口，见余至，谓是上海客人来，意颇欢迎。苏、祝等三人亦至。蒋家为作餐，烹二白鱼，味甚鲜美，价5元。又特为制糯米粥，对余有胃病者甚为适宜。

主人于此养蚕室中搁门板以作榻二。余无棉被，遂与祝君同榻。始入睡而祝君大呼"楼上水"，如是者三四声，余等皆被惊醒，盖楼上小儿溺水漏下湿其被褥也。祝君起，又自去厨下煮水以解渴，余亦起饮，如是啰唆，近午夜方入睡。

6月4日　星期四　雨止，阴

天明即起，吴君来。吴君昨晚宿船上，为余等照料行李。初，吴君意谓我等四人以二人宿船上，但四人中无人愿留者。余谓吴君，请其留船上，因我四人皆无能力者，任何二人倘遇匪类皆无办法，唯有请吴君在船上宿，强而后可。是晨吴君来，即共早餐。余等共酬蒋家18元。

开船到徐舍,行李受检查。上班头船到张渚,在船遇几个学生往江西者。彼等从和桥坐班头船到徐舍,每人船费十数元,亦未遇日人。可知我等被人大敲其竹杠,且饱受虚惊。班头船不用拔桩,唯过警戒线时须上岸走一段,另换一船而行。各个班头船道路不一,亦均是私渡,多数走官村。如遇日人则行李受检查,可取者或将取去些,人亦不致扣留也。我等所用拔桩之办法,系为私运违禁品及统制品而设,完全走私,故所费特巨,且有危险。

下午到张渚。市面极好,比和桥大。住江南大旅社。洗澡。

至运输站登记,雇骡子二匹,以运行李。直接运至河沥溪,但何时可得,尚是问题。另雇轿4顶以坐人,每顶每里1元。自此至河沥溪4日程,255里,坐轿每人须费255元。

自洗衣裤。

6月5日　星期五

天明即起。轿夫来,而骡子尚无着落。至运输站交涉,时军运频繁,一切统制,故雇牲口者须登记,挨次分派。后得人助,雇到二骡。来称行李共381斤,余占114斤,须付运输费314.60元。运输站之输力供应组出收条,行李8件,可至河沥溪提取,先付214.60元,尚有100元至河沥溪提取时交清。骡主为吴福清。

因轿夫与骡夫行速不一，宿站不一，故不能同行。说明至广德张家骡行会见。

轿夫头子名杨老三，人极调皮。始催我们走，其后见我们接洽骡子，不能早行，遂径去吃饭，竟寻不到。等到他们来，说今天已迟，不能赶到流洞桥了（自张渚至流洞桥70里）。下午1时，轿出发，行30里，宿于桥下。

桥下为一村站，无旅馆，有饭店可寄宿。余等宿一蒋姓家（系一蒋家宗祠）。客堂尚清洁，而内屋极龌龊，臭虫、跳蚤、白蚁均有，一夜不能入睡。每人一宿两餐5元，外加租被费及小费，另加自己买肉、鸡子添菜费，所费亦可观也。桥下有公路，已破坏。有桥，有溪水，我等坐树荫下洗足。

六月六日　星期六　大雨

轿夫不愿行，是日止于桥下蒋姓家。闷甚，租牌雀战，祝君仍负。

蒋老闲谈，云此处日人曾到。其地为苏、浙、皖交界处，仍属宜兴。蒋老人刁滑而贪，语言无味，盖去高草圩之蒋姓乡人甚远也。

下午雨小，而轿夫仍不愿行。昨夕彼等在对门饭馆中通夜大赌，一轿夫输至200元云。今日赌仍酣未已。

6月7日　星期日　雨止，天阴

清晨发轿，行不数里，入广德县界。山景尚好，走则平道，尚不甚难走。苏太太云，似佘山山径风景也。下午1时抵流洞桥。宿旅馆，朴陋。学生步行者亦至，即出发走广德。而余等之轿夫则说上面路滑，须止宿。

流洞桥虽见于地图，亦只是村落光景。市面仅里许，有小桥，亦无可观。自桥下至流洞桥40里。

6月8日　星期一　晴

清晨出发，行10里的山林中，据云此地多盗匪，余等亦不见他异。唯轿夫听见老鸦叫，心甚恶之，招呼速行耳。轿夫仍每7里或10里至一站头，即住喝茶。余等沿路吃茶进点。所云点心者，白粽子、大花生、茶叶蛋、咸蛋。粽子2角或3角，咸蛋及茶叶蛋5角，但不常遇见。

自流洞桥至广德50里，午时到达。进北门，宿西门广德饭店。广德市面不大，出乎意料。以前房屋多被焚毁，今所有店面皆新造者，极简陋。上午市面至八九时止，下午4时再起，中间为防空时间，几于空城。

余一路皆患胃病，多进面及粥，不能与他人同吃。且各人脾气不一，往往同食反不自由。祝君脾气最大，难同食也。

余之套鞋及苏太太之洋蜡在此皆不能销去，而计算路费已感不足。余乃以母亲所给之金戒指一只售去（在一小银匠店中兑去）。十足金，重0.182两（每两1700元），得309.4元。

晚上，祝君去接洽骡夫，回来大呼发生问题了，我们明天不能走。因骡子被军队要去驮军米去了。行李发至广德饭店。余等与骡夫（名周锁金，吴福清之伙计）即出至运输站去交涉，而运输站已不办公，白跑一次。天黑路难走，一场无结果。最后祝君提议以轿子抬行李，人步行，明日天明即行。杨老三同意，我等均赞同。

6月9日　星期二　晴

天明即起，四轿均装行李，我等步行。出广德西门，行七八里或10余里一站，休息喝茶。下午2时至柏垫，共行55里。余尚能胜任，唯苏太太觉力乏。幸轿先到柏垫，放一顶至中途来接。

柏垫有大石桥，长20丈。树木蔚秀，河流清漪，风景极佳。余等到后，即饭。在饭馆商量，我主张再行15里至前程铺歇，以减少明日步行之路。祝君谓恐前程铺宿处不佳，不能安睡，主张即住此。

遂借宿于交通大旅社。旅社尚清洁。我等至溪边濯足洗衣，坐沙滩上，极为舒服，大约可比青岛也。此溪水温可浴，乃一绝好游泳池。水不深，可以涉，而甚急，不能行船。有小鱼甚多，夕阳返照，闪耀有光。

夜出吃饭，祝君叫一炒鸡蛋，但见饭是炒饭不是煮饭，大骂而去。大概崇明人不吃炒饭，松江人则正中下怀。余且用茶泡之。

是夜因旅馆安静，皆能安睡。

6月10日　星期三　晴

天气甚热。清晨出发，步行，15里过前程铺，休憩。苏君向一老人买竹杖三，给以钱，谓不需，及给以2角，又嫌少。结果苏君谢之，携竹而行，老人颇为懊恨。余在喝茶，老人至，见余吸烟斗，问何种烟草。以杭州陈芰对。曰，不知此味者20年矣。向余索若干，余奉以半两，懊恨遂平。

过前程铺15里至阳台，苏君等饭，余复前行，8里至汤句，吃粥，佐以咸鸭蛋。遇徽州卖笔墨人。

复前行，天气燠热。至长虹关，为广德、宁国交界处，离河沥溪尚有35里。诸人皆甚疲，祝君及苏太太尤甚。

勉强挥汗而行，前后参差相望。苏君赤一脚，行尚健。余居第二。苏太太有人让轿,得以早行。祝君最后,已成李铁拐矣。

至九公庙、八里亭各歇脚。晚6时许始抵河沥溪。市面甚大,比和桥、张渚均热闹,堪比苏省大县城也。至此得阅报纸,江西有战事,日人沿南昌而下。又闻邓家埠已失,如此则鹰潭已危。余至屯溪后出路成问题矣。

宿京赣大旅社。自常州以来,未曾宿如此正式之旅馆。房间甚大,价亦便宜。楼上有廊,可以晾晒衣服。唯夜间点菜油灯,一灯如豆耳。

余等四人自柏垫步行至此,行80里,甚疲。打发轿夫,算账。匆忙晚饭后,即上床睡。余一人占一室。

6月11日　星期四　天热甚

余等整理行李,晒晾衣服,休息一日。各人出去办事,我担任至运输站交涉,告以骡夫骡子半途运军米事,盼能退还钱61元。但此处之运输站为河歘段,根本不管自张渚来之牲口,而自彼处来之牲口,则歇于某骡行,彼处当然亦不管退钱之事。故余之交涉一无结果。

苏君及祝君则往安徽地方银行去接洽,结果苏君以美金票押得500元之借款。行长出一介绍信与祝君,谓至牌弯店可以与汽车站长接洽,可得乘车之方便云。

晚间来一军人，坐天井中藤椅上喝茶，意甚傲。苏君云彼之地位似为一军长云。

余使茶房去兜卖套鞋，往返数次，而无结果。始而答应360元一打，继而要搭两张大票，继而索性不要，仍拿回来了。而苏太太则已将蜡烛售出，适够本钱及运费，毫无赚头。盖皖人极调皮也。

6月12日　星期五

雇轿子及挑夫，清晨即出发，赴牌弯店。60里，下午2时达。一轿60里，60元。行李公派，余费70元，亦极贵。余意本欲雇手推车而步行，须两日方达，但可以经济耳。又有黄包车，亦较廉。但诸人均主坐轿，以图速行。自河沥溪至牌弯店虽有公路，已极破坏，坐黄包车必致颠簸不堪云。

牌弯店市面极小，仅有数十家店铺，而饭店旅社占其半，余等宿秀林旅餐社。至此，始知坐公路汽车之不易，盖登记而未能成行者尚有八九十人云。

祝君持介绍信与站长商量，站长允可通融，以5人为限，行李每人带30公斤，分两批出发。

在此候汽车者甚多，谈各人所得消息。或谓鹰潭已失，或谓浮梁已失。总之，浙赣路仅余中段，不易穿过，浮梁亦成问题，则我等将在屯溪搁住矣。余对此事甚为忧急。

有屯溪之江苏临时中学学生数人来此，言屯溪在疏散，人心惶惶，其中学已成解散状态，彼处米粮将成问题耳。

6月13日　星期六　晴

是日留牌弯店。虽有公共汽车赴屯溪，但登记者已多，余等皆不能上。祝汉卿虽与站长接洽，结果人太挤，其本人亦不能上。

祝君雇黄包车自行，余等仍留。

别有交通银行陈伯龙夫妇自河沥溪即与我们同伴。故本为4人，改成6人，祝君行后，剩5人。

夜携烛登楼睡，闻蛙声阁阁。苏君夫妇等隔室，尚在健谈。颇感无聊。

此间有用水力舂谷者，用一木棍，一边着杓，一边着杵。水流注杓中，满则下坠而杵上，杓下而水倾，则杵重而下，杓复上。彻夜不息，声蓬蓬然，或疑心炮声。

午夜有两车开至，苏君等惊喜而起。

6月14日　星期日　微雨

此间停有两汽车，一运盐，一为客车。我等5人，经交涉，站上允买票4张，另由旅馆茶房设法得一票，行李则有旅客中行李少者分担，所剩不多，遂得毕登。

车挤极，上为竹席篷顶，圆形如舟。车中坐有40许人，沿路并有兵士攀登而上。众人足不得伸，腰瘫背直。过杨溪、绩溪，已暮，见祝君之黄包车方至。祝君想改乘汽车，而绩溪站不得通融。车开，晚11时许抵屯溪。自下午1时在牌弯店开车，共行10小时而抵屯溪。凡230里，中间有上坡下坡之山路也。此公路车之苦，为平生所未历，较1937年由徽州至芜湖一段公路更为辛苦也。

至屯溪车站，检查行李，余旅行包中碎一热水瓶，别无损失。面盆压成椭圆形。

宿第一旅馆，半夜买馄饨、粽子以充饥。

就寝后，有宪兵查夜，盘问来历，检查行李。

6月15日　星期一

因第一旅馆臭虫太多，众意搬家。住新安旅社，苏君夫妇共余合一双房间，每日8元，颇舒适。余在困苦中，注意节省，唯苏君夫妇意欲如此。

至对门胜利饭店饱餐一顿，人花4元。此间多50元、100元大票，而缺乏小票，凡购物满30元者方得找。餐后以50元大票交账柜，告以晚间再吃清算。

下午见祝君于车站饭店。祝君在绩溪搭上汽车，昨夜半夜到此。祝君已去中央银行筹旅费，无着落，且消息极坏，我等已成搁浅之势。

是日有空袭警报两次。此间近处多山，实亦不碍，但居人早出晚归，已成习惯。正午前后，竟亦空巷也。屯溪属休宁，为一大镇。

余在近处闲走，遇一杭州人吴庭章，自1937年避难到此经商，相谈甚洽。余等拟托其觅屋住下。

夜间有两批宪兵来查夜，皆破睡而起。

余于是日下午5时发一电报至昆明，文曰：昆明清华大学梅、冯两先生鉴，5月离申，抵此费尽，恳迅电汇3000元屯溪上海银行留交。浦江清叩。已与上海银行洽知汇款尚通，不如祝君所谈之严重无办法也。电报费22.1元。

6月16日　星期二　微雨

消息甚恶。据云绩溪至牌弯店之公路已开始破坏，祁门至浮梁之公路亦然。又有云日人离此仅90里者，人心惶惑。

下午访吴庭章君，彼住公园保122号，托以觅屋。便游公园。又至三民主义青年团之办事处，门口悬有"指导青年升学"等招牌，问以当地教育情况及中学地址。见有同路来之学生多人，在彼谈话，意在到此进退失据，请其设法救济，觅可宿之地，及介绍工作。后学生出谓余云，三青团一无办法，据云青年太多，情形困难，无法救济云。

6月17日　星期三　雨

吴君冒雨来，代我设法将套鞋售去半打，每双30元，较我在和桥买时虽每双赚5元，但此间收进大票，每100元须贴10元，又加路上运费，不亏不赚也。

下午雨止，同吴君去看屋。面西楼两间，一大一小，破旧而暗黑，要16元。苏太太不满意，遂作罢。另看一家，但有一间房。另遇一黄医生，名锦麟，乃松江小昆山人也。亦托彼觅屋。

晚祝君来。

6月18日　星期四　雨

是日旧历端午节，早晨吃细沙粽子，5角一只，硬而无味。

中午因雨不出门，叫来饭菜，10元和菜，另4元饭。不及对门之胜利饭店。

晚祝君来，同至胜利饭店晚餐。祝君要酒来，云赏端阳。菜亦不佳，均是肉（此间肉3元一斤）。6人共吃25.5元。作书与企罗，寄松江。是夜大雨，室顶漏水，泥块掉下，蓬然两响，亦可笑也。苏君熟睡未醒。

6月19日　星期五　大雨滂沱

晨5时半即醒。招呼茶房来扫除室内泥水，出至对门吃粥。须臾积水满屋，踏凳而出。至上午10时，雨不已。街上积水如河，涉者没胫。胜利饭店等不做生意，因街道难走，不出去买菜也。是晨，卖早点心之小贩绝迹，苏君夫妇晚起，饥甚。

至正午雨不止，街上水深数尺，冲入旅馆大门。我等急将行李搁起，而地板隙已冒水，汩汩而出，渐没至床脚，痰盂马桶皆浮。以筷量之，每10分钟涨起1寸。众客大哗。于是纷纷在桌子椅子上搁棕垫而卧。我谓非办法，出商账房，欲借对门楼房，办不通，且亦走不过去也。账房黄联芳（黄君徽州人，幼时曾在松习布业，故与余等亦有乡谊）云，旅馆本身亦有楼三间，先将行李送上。急时，人亦可上去度夜。我主张即上，赤脚穿套鞋，踏水而登楼。实则只有一间，其二为一纱布号所租，初不允让。一间中行李已堆积，前后来者20余人，不能容，渐渐侵入纱布号之一间。时水势上涨，平地已至三四尺。而雨不止，四望已成泽国。街上有人撑门板，倒桌。众人皆饥甚，不得食。赖邻楼有卖花生米、瓜子、咸鸭蛋者，争以手遥接，顷刻而尽。纱布号有藏酒，好事者以热水瓶盖，偷斟而饮。入夜诸人拥被兀坐而已。未至半夜，雨止，水势渐退。闻水退声汹汹，仍如雨下云。

夜间，街上有大船，来往巡视，云救溺者。

6月20日　星期六　阴

雨止。昨夜斜坐倚铺盖，未得酣睡，晨起仍疲，爬上铺盖堆补睡两小时。邻饭店送食品来，吃肉丝炒饭一碗，2元。下楼至室中，苏君已在洗刷地板，渐渐将铺盖等搬下。使昨夜雨不止，没去一层，则行李等尽坏，再没一层楼，则我侪皆鱼鳖矣。水灾之可怕，不亚于火灾，其危险实较和桥至徐舍过警戒线时为尤甚，余生平所未历。至此方庆更生。水灾原因，问之本地人，云出蛟。其实乃大雨，山洪暴发，河不能受而泛滥耳。或者为附近破坏公路，不慎而填塞涵洞所致，亦未可知。本地人云1904年曾有一次，已30余年未见云。

是夜，睡室中颇舒适。

6月21日　星期日

旅馆中泥泞渐去。出外，至公园一带，见坍屋甚多。闻人云，此次水灾广及数县，灾民甚多。公家已设拯济会，米平粜，每斤5角云。《皖报》《徽州日报》停版，正在雇工人在泥泞中拾铅字云。

6月22日　星期一　晴

上午有疏散警报。下午至上海银行问汇款，尚未来，闷闷。此间小票缺乏，多50元、100元之大票，购物非满30元不得找。余等在胜利饭店吃饭，以50元大票交柜上，两三日一算，每人每餐约费3元。

6月23日　星期二　晴

作书与撷馨、澄心、世清、应雷、涛弟，报告旅况，未成而辍。

祝君来谈，云屯溪钞票缺乏，甚为严重。"中国"及"农民"两行为戒严司令部统制，限制提存，外来汇款一律退回不付云。祝君去电重庆中央银行，久不得复，恐各人外来汇款均成问题。上海银行虽有头寸，亦存在中国银行，不免受影响。闻之颇为焦虑。此层我在家信中不便写，恐家人闻之着急也。苏君频频作函，使上海汇款来，既缓不济急，亦恐并成画饼耳。

我胃病仍发，因不加入吃饭，独自吃粥及吃面，亦节省用费之一法也。

6月24日　星期三

清晨，同祝君、苏君、陈伯龙夫妇至隆阜看屋。山镇，过大桥，桥长4丈许，有环洞六，上平如砥，工程之大，较柏垫之大桥过之。过桥而北，折西五里，抵隆阜。过戴氏宗祠，已为难民收容所。隆阜，戴东原之故乡也。看屋于一王姓家，祝君昨日所接洽者。屋为旧式，有大厅。王老出，不数语即摇手谢客。祝君谓其人遭水灾损失，家中又有病人，殆神态失常云。扫兴而出。另至曹家花园及一纺织场小坐，皆云本地找屋不易，因屯溪镇上人怕走警报，多迁此。隆阜多高屋大厦，皆旧式，街道狭如小弄堂，两边高墙，不见天日。又见古井，绳索刻陷成痕，殆为明代物。余到此，颇忆在意大利游庞贝古城也。

归，在水闸处小坐，大水瀑流，又忆及南岳之水帘洞矣。

下午，小雨。出旅馆门而东，过汽车站，至柏树保，仅2里许。旅途中所识余君夫妇在彼处租得一间屋，因访之。亦老式房子，阴暗殊甚。余君云此处房屋皆高墙，以避山风，惜无大天井，故光线极暗。此间住宅虽有楼，楼低矮不住人，以置杂物。人住平房，但平房在黄梅天时尤潮湿，易得湿气病，此不可不晓也。

过青年招待所，避雨其中。所谓招待所者，亦旅馆性质，每室4元，加榻2元，唯较旅馆为幽静，而茶水招呼不及。为三民主义青年团所设。戒严司令楼月亦为三青团主持人，住此者须经其认可云。于此晤一学生，名王能修，崇明人，为范存忠亲戚，拟赴重庆中大者，亦搁浅于此。在沪时三青团中沈祖懋先生使其来，来此后除在广德江南行署领到路费40元外，一无接济，至此与沈先生云欲返沪，沈先生大为尴尬云。又此间三民主义青年团办事处附设之升学就业辅导会已将招牌取消，谓流落此间之青年太多，无法应付云。

6月25日　星期四　雨

上午住居青年招待所之暨大教务处詹君来访。詹君来此亦已旬日，盖不知余在此，否则必来看云。詹君尚识余。

詹君来内地，本拟帮助东南联大办理招生事。另有同事李君同行，由芜湖来此，途中遇劫，匪人搜得彼等现钞400元，取其半以去。

同詹君出访海阳旅馆居住之光华大学教授江之永君（受东南联大聘而来此者），共同商议请地方当局接济维持膳宿之办法。詹君谓沈祖懋云可向皖南行署请求，江君谓恐无效力。

是日余及苏君、陈君夫妇自己做菜开伙，余向吴君处借得一火炉。

6月26日　星期五　小雨

清晨，群出买菜、洗菜、做饭，余担任向厨房取水及上街买零碎等，颇以为苦。

下午回访詹君于柏树保之青年招待所。该处地址甚幽静，且离镇里许，可不避警报。每室4元。楼上通铺5角。

同詹君访中央通讯社，见陶樾君，以前亦曾在上海暨大上课。通讯社人甚多，占住之房屋亦甚佳，云每月经费数万，将办一《中央日报》。按此处已有《皖报》及《徽州日报》，用纸甚劣，模糊莫辨。《中央日报》如出版，亦不可如此，徒耗经费耳。是日，迁21号，一人一室，每日3.5元，比与苏君合住大室费8元者便宜5角也。

6月27日　星期六　晴

现在我等自己开伙食，比吃饭馆约省一半。以余观之，尚可省。唯苏君夫妇不惯刻苦耳。每人吃饭用米约费1元，肉菜杂费约摊到3元。

下午同祝君到上海银行去问询，校方汇款仍未来。介绍认识上海银行此间之主任江君。

6月28日　星期日　小雨

闲借旅社账房间中《水浒传》读之，为124回本，即后附征四寇者，但亦标"第五才子"之目，实无圣叹批语者也。此书前70回较贯华堂本简陋，后数十回亦较商务之120回本简陋。

下午祝君来谈，我等所发电报，根本上恐未必发出，因此间电报局上星期积压电稿至1500封也。再者，在水灾前有线电早已无之，无线电所发，多系交上饶电台转，上饶失守时恐未必能转昆明、重庆也。据此，则余之电报恐付洪乔矣。颇为愤愤。余昨日去问电报局，局中人尚告我早已发出，且谓此间至昆电报极速，最迟二三日即达，皆谎语骗人也。

祝君托人将我们所发电报去查，到底已发出否。

唯陈伯龙君发至重庆交通银行之电已得复，并云有路费3000元，托赣州交通银行汇来。陈君乃托中央银行主任想法打出者，由中国银行电台发，非电报局发，故得达。

6月29日　星期一　大雨

本地人言，阴历十五、十六仍有发大水可能。今日正为五月十六，大雨不止，颇为惊心。

幸下午5时后雨势渐减，但街衢已有若干部分水深一尺矣。

下午3时许冒雨往青年招待所，看詹君所拟致皖南行署、戒严司令部、拯济委员会之公函，请垫款救济、维持膳宿等之意。未必有效，而詹君拟一试。署名者为余及江君、詹君共5人，半为暨大，半为东南联大人也。稿詹君所拟，大致尚可。略谈即归。余担心水发，故急返旅社。幸雨势渐减，庭中积水渐退，未及阶。

夜共苏君、陈君等谈，祝君因雨未来。夜间又有戒严司令部人来查房间。

余于5月29日离申，至此已一月，而西行之成绩殊甚少，抑等于未行也。

6月30日　星期二

大雨时作时辍，庭中积水平阶。上午例忙于洗菜。余担任淘米、取水、买豆腐等数项，较苏君、陈君早晨在雨中即出门买肉、菜、油、盐，已为悠闲矣。

下午祝君来。又王能修来。王君云沈祖懋绝非手中无有经费者，因彼答应上海可以划款，如王君有沪款可送至某处者，彼接信后可以此数在此交之，但不允在此先借若干与王君耳。余谓必上海之三青团中人需要维持，故乐于套汇沪款。若是则此间应可垫借，盖王君在沪住家，绝不会迁移，提取可靠，而沈君之所谓某处，皆秘密性质，地址迁徙无定，恐有挂失耳。沈君不允，殊为冷酷。

与祝君等闲谈往时在伦敦时之生活，以为消遣。祝君在此晚饭。油灯下又剧谈民国以来军事、政治，各举逸闻，以为笑乐。

7月1日　星期三　晴

上午同詹聿修、朱、江之永、于绍勋四君，赴楼（月）戒严司令部呈公函，部使徐秘书接见。我等要求三点：（1）托代发电至教部及东南联大负责人何炳松，请汇款接济。因我等无法打电报也。（2）请垫借救济费。（3）请通知各银行，如有汇款来，能通融提现，勿退。后得楼批与"王梦凡接洽"。王君乃江苏临时中学校长，买米无办法，学校已成解散状态。此种推诿可笑之至。下午至皖南行署，先见熊法官（有人介绍），后得见代理主任陈某。陈为军人，爽直，即许垫借款项，谓少则500，多则1000，拟与丁秘书接洽。又见丁，乃一老奸巨猾，一切推却，幸我等善为说辞，未被其欺。当场推不脱，乃与教育股股长某君商于某余款下拨，数目未定。我等又请求拨住宿地点，允在暑假中可住隆阜徽州女中教员宿舍。行署并允为我等打一电报至教育部。

是日作书与一多，未寄。

7月2日　星期四

至皖南行署等事，余觉甚为无聊，但詹君主动，彼等二人情形最窘，非求救济不可矣。余但署名而已，但因人少，不得不出力为团体一谋也。江君安徽某县人，但久居北平。于君镇江人，皆光华大学教授（或讲师），此次内来应东南联大之聘，住此间海阳旅馆。

祝君来谓我的电报查已发出，日期为7月2日，即今日发出也。此间有线电早断，无线电多要赣州转（以前为上饶转），积压至1500封，不能打出。因每晚商电不过发二三十封，即有军政界长电要发，无可如何也。然则前日谓我早已发出者岂非欺人之谈乎？

7月3日　星期五

检行李中不需要之衣服等付公一拍卖行，想卖得钱以维持，并减轻重量也。同伴议要返申。如返申可走杭州，道路为屯溪—徽州—昌化（人力车）—于潜—临安（轿）—余板—南涧（越界线）—闲林埠—杭市，400里，一星期。俟闲当托人要特市证。如返申，行李亦须减轻。但今屯溪有拍卖行二，货物堆积，价反贱于上海，少人问津。公一拍卖行一股东为暨大校友，詹君为我介绍。在拍卖行中有洋板《十三经注疏》，标价290元，为之咋舌。

7月4日　星期六

有东南联大新聘教官罗立斌君，曾在南涧为交通站，以招待由沪至金华之上海大学员生，今来此，在青年招待所开会讨论。罗君已见楼戒严司令，楼向副总司令唐式遵处推。罗欲得一人陪往谒唐，请求拨款以济由沪内撤之大学教职员及同学，并指示可通闽赣之路线（时上饶、鹰潭均失，所余之缺口为弋阳、横峰耳），并请垫借路费，在东南联大未汇款来以前，请求本地最高长官维持。余对此无意见，武人似不解此，唯罗君亦部队中人，或多有联络，亦未可知。江之永君推余为代表，余推江君往。决定如此。后詹君报告已登报请来此之上海各大学教员及学生要赴东南联大者登记。讨论甚久。余因要回家做饭，先辞而出。

7月5日　星期日

祝君得重庆中央银行复电，令此间中行办事处黄主任筹2500百元，或向近处报支云云。重庆无直接汇款来，且请求4000元而仅有2500元，祝大不满意，要求黄主任拨付，黄谓本处甚紧，言语冲突。今日来此大发牢骚，且谓不久余亦可得复电矣。

7月6日　星期一

至上海银行问询，仍无佳音，废然而返。且江主任谓即有来电，款亦难付，因其库存在中国银行亦被冻结云。此事大可悲观。

祝君打听得中国银行私用无线电台上有松江人，乃往访之。电台在柏树保三号，离此里许。见松江人李萃昌君，20余岁，有眷属住彼。李曾在大同大学附中肄业，住松江东门，战后未返乡。相谈甚乐。余邀其来吃饭。将来拟托其再得电报也。

江之永君来，云昨日同罗君立斌搭车往岩寺，转唐模，见唐副总司令于私室，蒙其接待甚殷，且邀饭。彼甚重中国文化，收书画、古董、书籍甚多，云已运往四川若干，拟设立图书馆云。其所居一花园，多名家联额，极雅。唯对于罗君请求之事无具体答复，罗君亦谈得不具体云。江君为陪罗君者，未多说。谓惜余未往，否则可见藏书，或可借此大谈。至于唐司令是否真正懂书，是一问题耳。

7月7日　星期二

卢沟桥事变纪念。市上断肉，素食。

此间官盐要居民证方可买，我们无有，托祝君在中央银行托茶房买。买二斤私盐，36元，骇人听闻。

7月8日　星期三

清晨即起，随祝、陈二君去买菜油。因屠宰加税问题，市上仍无肉，亦无猪油。沿河东行5里，至独家村油行，每人限买一元，故三人去。沿河风景极佳，见大规模之水碓。至油行参观打油，人工极苦，惜无机器代之。待一小时，油打好。军人来，一人要买30元，一人要买40元，纷争。账房无法，将油尽支配与军队代表，谓老百姓下午来云；懊丧而归。是日下午同苏君买米，每斗小票20元，大票22元。

7月9日　星期四

法官熊君来关照，谓皖南行署已准垫借款项1000元，要我等5人同去具收条领取。饭后同詹、朱、江、于四君同行，憩小龙山观音庵中。至皖南行署，款仅允500，人各100元，且须明日来取。于君认为侮辱，大发牢骚。余谓不如暂搁。见教育科科长王甸平，南高师理科同学也。归途讨论，群谓皖南行署反复无聊，我等不如不去要此款，但再催其发电至教部。

7月10日　星期五　晴

下午罗立斌来，约同去谒见唐式遵副总司令，为东南联大员生请款维持及路费事。见刘副官，唐在开会；许待会毕，以电话通知，再去见。返至黄山旅馆罗君处小坐。电话不来，余意今日绝不能见到。罗君以电话往询，会尚未散。余归新安旅馆晚饭，不拟再赴。

7月11日　星期六　晴

上午罗君来，云昨晚以两电话询刘副官，一云会未散，一云行矣。问善后办法，余不甚置可否。下午拟好一电报，文云："昆明西仓坡5号清华大学梅、冯两先生鉴：前电匝月无复，焦急。恳迅汇3000元。洽任何银行，只要汇出，有法提取。另祈电复屯溪中国银行电台即达。屯溪新安旅馆浦江清具。"此电托李萃昌君发。

7月12日　星期日

皖南行署教育科长王甸平来。先有一通知送来，可去领救济金100元。此事甚为尴尬。乃往访江、于两君商之，两君意暂搁，唯詹、朱则决即去领。

7月13日　星期一

天气炎热，上午做淘米、洗衣工作。是日为阴历六月初一，旅馆中房间加价，余室改为4元。余意将迁出。下午与苏君同访吴君。看数家房，肯租者太劣，好者不肯租。晚步公园边，沿河看晚景，殊不恶。作书与一多、佩弦、芝生。并前未寄之函，同拟付邮。

7月14日　星期二　晴，热

是日前后有紧急警报数次，闻机声。余至小山谷中，人言有×机5架，或云3架，远处掠过，或云来侦察也。詹君来，云明日即迁隆阜徽州女中。余约明日去看看，再定迁否。晚与苏君商暂退出团体。苏甚赞成。彼亦拟赴黄山。

7月15日　星期三　晴

清晨起，即有警报。遂出游，山行二三里许，至所谓仙人洞者。一小岩特起，有洞，有龛供观音像。前设茶座，倚槛屯溪全景在望。归室而饭。下午又有警报，乃沿至祁门之公路行。风景甚佳，四里许至一小村，买渡至隆阜。此是至隆阜之别道也。至徽州女中，地址清幽，有草地花园，不亚松江女中模样。江、詹诸君皆已迁入，余约明日搬迁至彼处。晚归，在油盏灯下作长书与企罗，另笺呈岳丈，不便告以此间困难情形，曲为慰语，以免牵挂。庭院中苏君等讨论至黄山去避暑事。与祝、陈二君感情不洽，将散伙矣。朱先闻在中央通讯社，今日道中见之，同一女友，招呼甚为尴尬。

7月16日　星期四　晴，天气极热

晨起整理东西，预备即以行李送隆阜。有警报，又走柏树稍憩。访李君欲问其已为发电否，有他人在谈公事，不及询而出。

账房间开来账，共房金115.5元（计住31日，11天4元，17天3.5元，3天又是4元），茶房、小费20元。

下午6时，雇黄包车装行李至隆阜，住徽州女中教员宿舍。晚间在草地上纳凉，地极幽静。夜睡竹榻，觉凉。余一人占一室，于、江两君合一室，詹、朱合一室。

7月17日　星期五

晨6时即起。向徽女中图书馆借得朱载堉《乐律全书》《钱竹汀诗文集》，皆《万有文库》本。读数小时。女中图书馆书不多，经水灾，颇有霉损，正在晒晾也。

晚饭（下午4时）后赴屯溪，仍到新安旅馆与苏君等闲谈，晚7时归。

我等借住徽女中宿舍，饭包于庶务科，每人每日米一升，外勤务一人每日升半，菜蔬自理。论理每人每日绝不到一升，庶务科大揩其油（现米价每石200元）。菜蔬则勤务买，勤务做，每

日5元，甚劣，又被勤务揩油矣。迁此之印象均佳，唯饭食则不能满意。

洗衣包出，每月10元，尚廉。

校址在隆阜后街，面山。校前亦有一小池塘。校中有园，树木青翠，有方竹、松桧，有篮球场、纪念塔等。余等借住之处为教员宿舍，乃园之尽头，由月洞门入。暑间留校之教员尚有数人。见国文、历史教员施君。

7月18日　星期六　晴

晨6时起，至豆腐店吃豆浆，以鸡子入之。此间鸡子已贱至1元三个。余等每日吃一升米，尚无早饭。10时进早餐，4时进晚餐，从本地人习惯也。

是日看朱载堉《乐律全书》。晚饭后至河滨散步，归而至草地纳凉。江君从余学《游园》曲，以箧中偶有戏曲杂志，中有此谱之一段也。谈至夜分归睡。

（江君谈沈祖懋之笑话。如在海阳楼同一女友每日关门睡觉，早上起来进八宝饭、莲心汤、面食，极侈。自谓青年导师，与学生同甘苦，可笑可恨。余谓可杀。）

是日此间有《中央日报》出版，印刷所即在隆阜。

7月19日　星期日　晴，热

徽州女中处隆阜后街，面山，离屯溪五六里。自屯溪至隆阜有两道，一自屯溪镇西行过大桥微折而北，过戴氏宗祠、水闸而至隆阜，一自屯溪镇向北往祁门之公路上行，折西至资口亭，沿河小路，至桃李园唤渡，即达隆阜。

隆阜市面极小。徽女中地址清幽，每晚纳凉草地上，甚为幸福。唯有特产之小虫，细小如虱，飞动如蚊，黑色，咬肤奇痒。又隆阜街头多牛矢，夏日炎蒸，尤不卫生也。

（我们共5人，庶务科要我们包饭，每人日算一升，勤务姓张，日升半，大揩其油矣。蔬菜则自理。）

是日仍读《乐律全书》。

7月20日　星期一　晴，热

晨5时许即起，7时至豆腐店进豆浆。10时吃饭。饭后，天气甚热，午睡至下午2时始起。于一废室中，见有水灾时浸水而经晒干之杂书数堆，检得侦探小说《黑棋子》一部，阅以消遣。4时吃晚饭。饭后往屯溪，至新安旅社与苏君等闲谈，归已7时矣。屯溪连日多警报，常有日机飞掠边境而过。

7月21日　星期二　晴，热

读《中央日报》。克复横峰、弋阳，若是则跨越浙赣线不至一无希望矣。

是日留校舍未出外。又于废室堆中检出李青崖译之伊巴臬兹《四骑士》一书读之。

江君与朱君画好一围棋盘，至外边大河滩上拾黑白小石子，以为棋子。余与江君对一局，负。

7月22日　星期三　晴，热

未出外。此间晚饭后，由勤务烧水，每人得洗浴。大为快事。

在草地上纳凉。于君谈扬州大方（方尔咸）对联数事。"明眼怕看人，万事模糊唯酒好；湖边能买醉，一春心事为花忙。"（即席赠明湖春酒楼开张之喜。）"看叶忆前游，昔我少年今白发；倚花闻叹息，犹余公道在红颜。"（挽同里某君，交情甚疏，唯少时曾同看牌。其人没后，其妾殉之。乃以两事拈合。）"三月三日，佳丽多人，看阿母长生不老；一觞一咏，群贤毕至，喜文孙天下知名。"（祝梅兰芳祖母寿。）"眼中第一江山，盛世遗民开寿域；心上两重欢喜，华堂明烛照孙枝。"（祝镇江人某公寿。其人于同日为孙完姻。）

7月23日　星期四　雨，凉甚

读毕伊巴臬兹之《四骑士》。此书写德人之傲慢、凶暴及征服全世界之野心，虽所写为第一次欧战，至今读之情形仍相同也。希特勒之心理如此，德国人之日耳曼主义哲学亦仍如此。乃至日人与德人，其心理与行为亦全同。白城别墅之一章极为动人，沦陷区人不能无感焉。

尽日雨，未出外。

9月1日　星期二

晨6时由屯溪出发，过瑶溪，龙湾换夫子[1]，五城饭，40里，过山斗，宿横茅。是日行70里。

9月2日　星期三

清晨5时半出发，饭于挺空岭下（婺岭，浙岭？[2]），对面为斗镜岭。饭后过岭，上下岭15里。至江湾又饭（药店）。前行20里至汪口宿。是日行70里，皆山路。

---

[1] 这里的"夫子"指夫役，如挑夫、船夫、车夫等。后同。
[2] 作者存疑处。

9月3日　星期四

6时出发，行30里至十里坡午饭。小溪村庄。吃稀饭为勤务白眼。10里至婺源休息。进城略观。24里至高砂，路极难走，落后。歇高砂程姓家。川军二十一军军部驻地。与韦副官意见开始不合。

9月4日　星期五

留高砂。付衣服去洗。午饭至桃园叫菜。共付表嫂20元（饭、宿）。

9月5日　星期六

清晨出发行20里至乐亭村家午饭。自做菜，炒鸡蛋南瓜，泡祁门红茶。奉紫金山一盒与韦。20里至太白，宿杂货店家，店伙招待甚殷。夜饭至酒店叫菜请客，韦不到。夫子发生问题。

9月6日　星期日

留太白镇。夫子来，时已晚，不得出发。闲谈，看闲书。

9月7日　星期一

清晨出发，过渡。与朱君落后。又过渡。夫子刁诈装病。至小店进点，找一人为夫子刮痧。欲至湾头，沿电线杆而行，分头探路。前不靠村，后不靠店。欲至香屯不及。遇一小孩帮抬行李，宿小港。

9月8日　星期二

留德兴，与韦决裂。访县党部李书记长官叙九（锡畴），蒙招待住县党部。初中校教员程君来谈。晚饭刘家饭店。

9月9日　星期三

留德兴。中饭面。晚饭李公招饮。看县志。招呼者老郭。招人洗衣。

9月10日　星期四

留德兴。一日三餐均由李家送至党部。上午书三绝句赠李。下午参观中学，在文庙。登庙后山，拾银矿矿渣。憩妙玄观（明代道观）。见桐树、蓖麻子树。德兴旧有银矿，征甚力，宋范仲淹为饶州始奏罢之。见冶银取水之泉，题曰"银井"。

9月11日　星期五

发自德兴。李君来早饭，送行至城门。出南门，20里至界田桥，进茶点。人烟稀少，亦无店，但一点心摊，浙江女子所设。20里至张村，大雨。宿张村乡公所。李君之高足张君及潘乡长招待。宿楼上，晚间人喧，不能入睡。

9月12日　星期六

清晨夫子四人，出发，12里至梅溪吃早饭。德兴界尽，入弋阳界。25里至高桥吃饭。花生贱，1元14两，炒天罗（即丝瓜）、茄子。人烟稀少，离漆工镇但3里耳。过黄沙岭，不上下，沿坂行。20里至烈桥。街市阒其无人，乡公所门大开，亦无人。接洽一金家杂货店小孩（金长辉）借宿，得其许可。大雨，金家主人回。夫子四人亦留宿。隔壁一老太饭铺要客饭3元一顿。是晚外有犬吠声甚烈，又怕散兵骚扰，几不能入睡。烈桥属弋阳。

9月13日　星期日

夫子二人留住，使其送铺前（属横峰），二人不愿留，回去。托金先生找二人，久而后得。30里至铺前。住陈同丰，新盖屋。其地遭敌人到过，陈家人仅留三人睡此，余人疏散在外。家除木器外空空如也。是夕彼家渐有锅子、水缸、磨子等挑进。晚至一山东馆叫菜来陈家吃饭。

9月14日　星期一

自铺前出发。夫子自铺前乡公所雇来。横峰县政府，迁在离铺前3里，詹、朱二君持李君介绍函去接洽，得江秘书信，故铺前乡长力为帮助。10余里至横峰县城，沿城门过，进城略视，已有旅社店铺市面矣。不穿城过，前行里许，休息进茶点。行30里至河口。一路见山，褐色，无树木，有壁立千仞者，有圆而伏者，有崖壁多皱纹似大篆剥落者，有埃及金字塔及狮身人首像风味。倘加雕琢佛龛，可成奇观。河口为江西四大镇之一。经轰炸及偷劫焚烧，闹市多颓垣残壁。敌人未到过。住狮江旅馆。（狮江者此段之江岸多山，如狮子头状，故名。）与江、于诸君遇，彼等住中南饭店。（时未复业，而宪兵连占住也。）詹君在德兴已遇江君，余及朱君至则彼等已行。

河口多梨，一斤2元、3元、5元不等，月饼7元一斤，柚子3角、5角一只，但味尚酸。河口属铅山。

9月15日　星期二

留河口，至杭州知味观饭，三人吃16.5元，一菜一汤耳。晚至一天津馆吃炸酱面，3元。雇定手推车二，至铅山县，每乘30元。

9月16日　星期三

清晨出发，走大路。路已破坏，桥多毁，有须涉水而过者，殊属自寻烦恼。同行另一手推车推小猪来。本地猪都已在紧张时宰尽，而浙赣路北又禁运，故肉价贵至五六元一斤（德兴仅2元一斤），且不易得。12时抵铅山，过大桥（比屯溪大桥长三分之一），入北门。二家旅馆已满，接洽县政府等处，皆不遇负责人。民房亦不肯留住。幸詹君后至，云有暨大校友任睦宇君在此，乃访之。路甚弯曲，住城内小校场13号，外有"中国佛教分会"牌。任君在家，邀饭。饭后至天后宫陈连长处询江、于两君，知江君与彭君已行，于君尚在，访之。于君领余至南门外汽车站接洽，后日有车，明日下午车到方可售票。铅山城甚小，西门外多山，闻有铅矿故名。蒋心余任君云或河口人也。铅山未遭敌乱，但当时人心惶惶，谓将毁大桥，划江为守云。其后遭二十六军（？）[1]一百零八师之劫扰，奸淫掳掠，无所不至，民比之于水浒之一百零八好汉。任君家亦疏散在乡下未回，至今其家人均病癣癫等疾。

任君旧任暨大附中图书馆职，是日宿任君家。

---

[1]作者存疑处。

9月17日　星期四

上午阴，下午大雨。候汽车不来，故明日搭车事遂无着落。在任君家食，唯素餐，晨晚皆粥，唯甚可口。闷中阅任君携来之新中华杂志，中有《伦敦面面观》《巴黎面面观》等，读之如温旧梦。仍宿任君家。

9月18日　星期五

雨止。下午2时，公共汽车来。盖昨日因雨止于崇安也。余等欣然。下午5时将行李送汽车站过磅。詹、朱两君之行李为50公斤，超过20公斤，余之行李为45公斤，超过30公斤。余付票价141元，行李过重费126.9元，外装卸费2元。盖闽省公路用汽油，每公里1元，而行李则每过10公斤取票价3/10也。售票有限制，人各有座，且闻系对号入座者。汽车确为公共汽车样，非如牌弯店之装货车如囚车一般。

是日余与詹君漫游全城。上午在茶店休息。午时与于君等在凤栖楼饭。购月饼二斤赠任君。晚饭仍在任君家。任君庭院幽静，听虫声唧唧，夜寒殊甚，宛然深秋矣。余独占一床，颇舒适。是夜不肯熟睡，因明日须早行也。

9月19日　星期六　晴

晨4时即起，詹、朱两君闻余起，即醒，大呼："天已明矣。糟糕！糟糕！"任君持油灯来送别。匆匆整理东西，别任君而行。入街，天已大明，城门亦已开。急行至汽车站，乃知为时尚早，盖余表已坏，詹君无表，而朱君表不准耳。在站侧茶店内洗脸，进稀饭。车5时半开。至分水岭，盘旋极高，比余等在皖赣界所行之岭更高。蜿蜒至高山上，下望许多峰岭，均在其下。下岭即至闽省，公路较赣界为好，右面群山即武夷山也。过崇安，穿城而过。不见市面，其市面在右侧，远望亦甚可怜。车过城而停。有浙江人流落在此卖食物者，价均高，如玉蜀黍2元一斤，视赣皖均高数倍矣。

过崇安赤石街，地在武夷之麓，有中国茶叶研究所，建筑房屋甚华美，比于附近村屋，为王宫矣。闻其中设备机器等均为西式，方法均采西洋。其前有所植茶树，杂乱草中，几不能辨。

下午3时始抵建阳。车进北门，出南门，至汽车站。江君来接，知暨大及东南联大皆在龙游街，离车站远，乃先以行李寄存附近之旅馆内。詹、朱去学校，余至近处饭馆中进餐。一豆腐肉丝汤，索价8元，去肉丝亦要7元。问以最廉之菜，曰炒豆芽，3.2元。遂吃一盘炒豆芽加光饭，共付5元而罢。于是方知建阳生活之高，乃知烈桥老太要人3元一客饭，尚不算贵。盖余等自屯溪出发，至婺源、德兴，由生活高处入廉处。由是至弋阳、横峰、铅山渐渐增高，至建阳而高出屯溪一倍矣。

此间包子5角一只，油条5角一只，均以5角为单位。豆浆1元一碗，粽子1元一角，唯稀饭尚5角一碗，算是廉的。余在德兴喝过豆腐店1角钱一碗之豆腐浆，较此间1元者为好。

建阳城不大，屋宇简陋，初到印象不佳。加以生活之高，江君等均极懊丧。

江君、于君与余同至龙游街东南联大办事处，见何柏丞先生（筹备主任）。余首谢以曾汇钱（500元）至屯。虽未收到，其意甚可感。何问今既来此，能留校否？余答以考虑，恐仍须西去，因请假只许一年耳。唯经济相当困难，暨大之欠薪可否领取，何云无论去留，均可领，不成问题。个人极盼君能留，因此间人才缺乏耳。

傅东华、吴文祺皆先余由沪出发，而迄今未来，搁住于浙中。戚叔含甚早自沪赴杭，前二日始到，狼狈不堪，损失甚重。乃知余等虽困于屯溪，尚为幸运。

何先生御中装，年五十余，和蔼可亲，连向余等道辛苦。以余等未有住处，命人电闽浙旅馆要两室。兴辞而出。往参观暨大，近在咫尺。暨大借文庙以为校舍，其地空旷幽雅，文庙建筑亦甚宏伟。江君云，至此方觉有一二分留意，若如建阳街市，则真不可耐也。访詹、朱两公不见。遇戚叔含，道及离沪及留浙情形，以及东联、暨大待遇等。返宿闽浙旅馆，与于君同室。旅馆中只空一间也。

9月20日　星期日

建阳天气极怪，晨夕如秋，午时如盛夏，夜间如冬，故易致疾病。初到者必病，或疟，或痢，再则癞疥。于是水土服矣。谓之瘴气云。早起，即见有雾，或云不宜早起，恐触瘴气。又既起之后，不宜再睡，睡则病。即午饭后，亦须先走走，不宜即睡。上午詹、朱两君来，因无事，欲做考亭书院之游。江君有事须他出，约即返同行。而警报来，仓皇出走，出南门，至苗圃，时已亭午，返而江、于两君已归，同饭于福聚楼。本地馆，有6元一客之客饭，无加一小账，此为难得也。

饭后同至考亭书院，出西门5里而达。书院建筑亦宏伟，亚于文庙，有古碑，似为元明时物。此建筑则清代所重修者也。享堂甚大，藻井美丽。中为宋先贤朱文公之位，两侧配以蔡、黄、刘、真四公。堂后为阁，三层。此院堪为东联一个学院之用，惜已为本地一县立初中所用，不易办此交涉耳。出考亭书院，再前里许，至一村，破败无居民，为军队所占。余等思买些果物，不可得。见一渡船空横，登其上，出携来之花生食之。尽兴而归，已见明月东上矣。

9月21日　星期一

余虽与于君合一室,而江、于两君带来之学生6人,病其一,乃卧余等室中,结果余与于君同榻。清晨即起。

江、于共带学生4人自沪出发至屯溪,自屯溪出发途中又有二人要求照顾,遂为6人。皆青年不认世故。4人中3人之被絮已在屯溪售却,至此欲买回而贵极(须100元左右一个,劣者50元),故此4人必须同睡共被。一人病,处余等室中,用旅馆被。尚余5人,均挤在交通旅馆江君室中地板上,亦可悯也。江君已为接洽救济机关,可有食宿,一则因无被不能分睡,二则此救济机关忽为军队所占,遇卫兵呵斥,不得入。余室有四五学生来回,遂不能做事。虽欲写数信,皆搁置。

下午至东联,见谢海燕(上海美术专科学校代理校长)、倪贻德(该校教授)、邢士铎(英士大学训导长)等。谢、倪自沪早来,与邢等皆由金华退至此。谢正在计划在此为东联造新校舍。东联今年必留此,将来或迁回江山,则以此校舍赠暨大。筹备处之名义待教部复电来始取消,改为正式成立。教授来此者则先拟发草约,不定薪级。而继续招生日期及校址与开学日期,均待教部复电再定。现诸事尚悬搁。有职员多人在办公,大概接受报名及登记也。已有学生200余人，包括自沪撤退之专科以上肄业生及至此首次招生所录取者。分住两个学生宿舍，在附近。

《前线日报》社亦在龙游街。

出东联赴暨大，遇戚叔含，知彼曾至旅馆访余未值。校长托其致意，欲予留东联或暨大。予告以不得不返西联之情形，戚亦喟然。见许杰（暨大闽分校国文教授）。见褚小慧，同乡褚镜心之女，原在上海总校一年级，在余基本国文班上，今年3月离沪入闽，走萧山，仅用600元旅费，同一同乡朱女士为伴，得一商人为领路。但彼云在彼等前后各一批，皆遇劫，此则有幸有不幸矣。褚君谈及杨达聪在蓝田病，医生谓宜至海边休养，湘省无海，故至一水边小村养病。但4月以后，迄无消息云。

9月22日　星期二

建阳无甚风景，有云谷山、晦庵书院等处，离此50里。朱文公墓闻亦在建阳，离此数十里，皆远而未赴。凡至建阳者皆病。至是于君病痢，朱君寒热。

至暨大，取得所欠薪自4月份至7月份，所欠津贴自1月份至7月份，共得1946.6元。（月薪96元，米贴四人半，50元。）此则未曾教课而得干薪，暨大之特别优待也。使不来内地，此款不能得。

交通旅行社住有卧龙山人，标"科学看相，结识抗战英豪"之招牌。余每访江君，辄见其佳朋满座，舌辩滔滔，且日夜不休。此公之收入必大有可观也。

晚间于大桥上遇邢士铎，彼云明日有东南五省合作社筹备主任陈仲明自崇安来将过此，有包车往重庆开会，问余明日是否能行，拟介绍搭其便车云。余恐不见得有希望，邢与陈之交情亦非密切。邢谓不妨试试，嘱余明日清晨即起，整理一切云。

是夕，闽浙旅社另一室空出，江君迁来。闽浙之茶房大有哲学，客人有呼唤频数者辄与理论，云：茶房者"茶"房也，若人人如此呼唤，则不胜其麻烦矣。茶房只管茶水，此外如买花生等，非其责也。满口新名词，与客人争吵至一刻钟之久。

写家信，并屯溪李君、苏君信。

9月23日　星期三

晨5时半起，整理一切。至城坊合作社，遇邢君，转至中南旅社候一李君，与陈仲明熟识者。李君不在，与多人闲谈，乃悉陈之车子要装2000公斤布匹，尚有合作社职员及行李，绝无希望。邢君意未肯罢，转至城外苗圃附近之合作社，陈君来否仍不可知。归饭。下午余又至中南旅社探听，知陈君并未来，或明日来也。是日奔波一日，毫无结果，余甚灰心。

吴崇毅（光华商学院经济学教授，同在屯溪，先余而至此者）谈，凡自沪内撤专科以上教员，皆可在东联筹备处领川资[1]1000元，不限于在东联任教也。余因向东联筹备处索一申请表格填之。

中国银行建阳电台童本立君，得余信自后山（？）[2]出来。童乃李萃昌所介绍，转来李君电报，知昆明汇屯溪1000元已收到，除去彼借予款300元，余700元交苏君。予在屯溪困厄万状，行后反存200元在苏君处，亦滑稽之甚者。但昆明汇建阳童君处之1000元却未来，恐彼处汇出又有困难。予托童君如汇到转汇赣州，童君介绍赣州中行电台孙重威，桂林中行电台刘佛恩。

9月24日　星期四

是日为旧历中秋节。当在隆阜徽州女中过七月十五时，谓余等宜可在建阳赏中秋，今果如愿。上午出西门外散步，未至考亭书院而归。进城，至县立图书馆参观。读《东南日报》，见有署名"季思"所作新乐府一章，刺难童收养院事，甚佳，必余友王季思作也。王在《东南日报》上发表文字，必在南平，拟到南平

---

[1]川资：坐船的盘缠。古时远行首选坐船，川即河流之意。

[2]作者存疑处。

后访之。

下午游街市。建阳有热闹之街，人极拥挤，两边皆食物摊，自下午四五时后方盛，亦因防空疏散也。食物有汤团、油条、煎饼之类。月饼极贵，佳者须11元一斤，比河口、铅山贵1/3。余等购月饼20元。5时半，集福聚楼，为赏节之举。屯溪五友，朱君病不能赴，加入一吴崇毅，仍为5人。江君亦感冒发热，力疾而来。饮酒少许，菜五，共费100元。福聚楼是本地馆，营业不佳，余等每日在此吃客饭，故特别巴结，菜尚丰富，唯口味道地本土，加香料太重，殊不觉可口。饭后至南门外大桥赏月，江君觉寒，遂返闽浙。吃茶点月饼。江君欲去交通旅社早睡，余与詹君又出至大桥看月。时已近11时，桥头人已散。山光水色，一片空蒙，将建阳许多肮脏气完全滤去矣。是夜詹君留宿于闽浙。

9月25日　星期五　晴

至东南联大筹备处，领到自沪至建阳川旅费1000元，除去冯有真处借款300元及罗立斌拨来维持生活费100元，共400元，实领到600元。昆明汇建阳款迄今未来，赖暨校欠薪及此旅费，否则余将在此耽搁，不能前进矣。此则何柏丞先生待人厚道处。余见何校长，告以不能留此之苦衷，且答应为东联尽力，在人才及图书方面，一路为之留意。

下午5时半，何校长邀饭，在城坊合作社。主客为余及于、詹、朱4人。朱君病，詹君昨晚亦因多吃月饼而感不适，皆未赴。余与于君往。同席者有周宪文（暨大商院院长）、孙怀仁（暨大教务长）、戚叔含（暨大代文学院院长）、王之瑜（暨大理学院院长）等，共为9人。何先生甚殷勤，屡致为予作饯意，殊不敢当也。

席间余及于君谈自沪至屯，自屯至建阳种种困难情形，殊不寂寞。席甚丰，清炖鸭及八宝饭尤为可口。此席殆费300元以上。于君谓一路辛苦至此，亦分所应得耳。余则以到此又行，颇为愧恧。

返至交通视江君病。

9月26日　星期六　晴

余本定是日乘公路汽车赴延（南平，福建各地以一字代者，建阳曰潭，南平曰延，旧延平府治也），因于亦欲赴永安，拟同行，嘱留一日，故仍留此。江君病甚，乃同于君至东联校医处请医生来。因江君病须静卧，余在邻室与吴崇毅闲谈。吴君在屯溪将行李大部售却，最后售一表，因得路费至建阳。又因恐不足，借交通银行陈公100元，为陈公夫妇一路打杂差，其为人热诚可佩也。在屯时，江南行署主任冷公在柏垫，招往，欲其任职，不赴。穷极，欲至瑶溪江苏临中任教，因路通可行而罢。吴君专攻财政学，译著甚丰。年仅35，留法多年，与闻家驷同学。谈及法国教育制度，中学毕业得baccalauréat（业士）学位之考试等甚详。

下午游街市。建阳拍卖所更多于屯溪，物价比屯溪几贵一倍。詹君欲买一面盆，不甚佳，须50元。余乃劝其勿购，而以余由沪带来之一个（途中已略变为椭圆形）让之，为40元。余意欲减轻行李重量，且怕途中弄坏也。

至东联何校长处辞行，未值。遇谢海燕、倪贻德。余恐在南平无熟人，谢为介绍《东南日报》社长胡健中，胡亦东联筹备委员之一，至今教务长一职虚悬，将以属之。饭后同于进城至交通，问候江君疾。余与吴崇毅闲谈，并邀之赴闽浙宿，请其明晨帮忙送上车。于君为江君病，不暇帮忙矣。

晚间在闽浙与吴崇毅闲谈。吴君述屯溪困厄状，且以余等不请其加入团体为憾。余对此事极抱歉，但在屯溪时仅会见数次，不熟识也。

吴君归寝后，作书，谢何校长。作书致徐声越，寄松溪，东联拟聘单中有其名，余详告以东联之情况。夜二时许始就枕。

是日，接童本立来信，谓屯溪李君来电，知余建阳汇款未到，问要否自屯溪汇款来。李君之热心可佩！予作书托童君转谢，并托童君打一电报至昆明,告以余已将由建阳出发,无论款已汇出与否。请加汇 1000 元至赣州。

9月27日　星期日　晴

4 时许,吴君醒来催予起,乃起。匆匆收拾东西,女挑夫来,挑行李至汽车站,6 元。候买票门开。买至南平票者唯余一人,至建瓯有三四人。吴君谓要否彼去车厂车上占座位,余谓不需,其车必甚空也。票价 118 元,行李过重费 108.2 元。及至上车,车已甚挤,无座位,坐自己包裹上。盖均前一日买票者,但余昨日来站上,站上人云,不能登记,亦不预售车票,必须明晨云。因此何校长谓可托郭队长买票,其言甚是。余因众谓至南平客车并不挤,故不欲麻烦人。

车开,始忆一热水瓶未携来。盖本在箱中。江君病,借此一用,昨晚于君携归,因置台上未放入耳。

至建瓯,进点食。物价已较建阳为廉。下午 2 时许,车抵南平,行 118 公里。

在汽车中识一暨大商学院学生邹鹄立君,下车时,予照顾行李,托其觅旅馆,久而后返。各大旅馆均告客满,仅于一小旅馆名三吉旅社者得一小室,日租 5 元。即以行李挑往三吉。与邹君饭于中南餐社,饭后感不适。于街上见贴有"浙大"二字,加以箭头指路，余思或有浙大办事处在此，乃沿指示而往。路甚远，于县党部中居然找到浙大办事处，盖办理招考事宜而留此者。首问王季思，云他出，继问徐声越，徐君出来，握手惊喜，余之来此出其意料也。各道别后情况。予觉发热，不支。乃入浙大同人共处之县党部礼堂，在徐君榻上休息。

王君全眷在此。煮绿豆粥以代饭。余闻之欣然，吃绿豆粥。适堂中尚有一空铺。徐、王两君陪余至三吉取衣被。是夕宿浙大同人团体中。由三吉至县党部，徐君为导。由后山上，路极难走，汗出涔涔，但发热已过，在王君处得奎宁二片服之。是夕，与徐、王及张其春纵谈。其春，其昀之弟，中大外文系毕业，下半年拟赴东联。

9月28日　星期一　晴

夜睡甚美，病霍然已释。此为幸运。屯溪至建阳6人中，江、于、詹、朱皆病过，唯余与吴崇毅未病。病者必三四日而愈，今余一日而愈，可夸也。

晨进绿豆粥。徐君出其新近诗稿一册示余，方读而紧急警报来，乃至后园门廊下稍避。徐君近作诗，专工五律，炼句法。视以前作风略变，予仍赏其原来本色之作，读史感时事，言之有物者。徐君谓近来理想偏于纯粹艺术，不要内容。其作风似由北宋进而入中唐，近贾、姚一派。五律工者极多，有怀人诗8首，中有1首赠余，匆匆未录出，记其用赊家华三韵，谓北京清华园之生活已遥，江南无家可归，短衣入滇，将来有意于续《梦华录》耳，意亦切。记其第一首怀伯沆师，第二首怀翼谋师，以下怀子平、宛春、季思、余、蛰存数人。

下山至商务印书馆。馆中中西书籍尚有数百种。声越云，金华商务印书馆尚不及此间书多。余为西联图书馆购青木正儿《中国近世戏曲史》及田边尚雄《中国音乐史》之译本各一册。此间书价照原定价加20倍，两书原价为5.5元，今费110元，尚有一图书馆之折扣在其中也。

徐、王介绍至建设厅材料库见一李斯达，浙校毕业生，为彼处主任，托其留意便车，或代购车票至永安。李君谓明后日有一便船赴永安，出一介绍信，嘱往平价处接洽郑锦溪君。

晚徐君请客，在一小饭馆，酒菜及饭费50余元。菜有狮子头等，近家乡风味。

饭后天已黑，买火把二，至紫芝坊访郑君，值其出门送客。略谈，郑君谓有木炭船，明晨6时在延福门外码头开，开至沙县换汽车。余甚满意。辞出，至党部取衣被，声越、季思在山头执火把送别。声越之子替我携包裹，返三吉旅社。途中购得烟斗一只，福州所出，5元。余最后一板烟忘于考亭书院附近之一汤团铺也。

是夕宿三吉旅社，与邹君同榻。不能入睡，作书与江、吴、于诸君。

9月29日　星期二　晴

昧爽即起。邹君亦起，彼已购船票赴福州。予托其打听福州与上海交通情况，报告于暨大及东联同人。

晨5时半至延福门外码头，久待，郑君不来。6时半，郑君来，云船在修理，复1小时许，船来。装货物，大部分为建设厅手工业指导社之出品手工牌肥皂。8时开船。

上水船，故甚缓，但江中风景尚可玩。多浅滩，水中列石如伏龟。船中备有稀饭。

余不知道路，以为一日可抵沙县。是日仅行29公里，宿于青溪。余因船上人多，不便摊铺，乃上岸找客店宿。楼上一室三榻，每榻1元，每餐2元。余对此村头客店反有好感，觉比建阳、南平等地旅馆为佳。一为价廉；二为清洁，空气流通；三则可以吃饭，不必另上馆子；四则茶水供应周到，如家庭式，不若旅馆茶房之可恶也。是夕，饭于客店，黄昏莫辨，见一碟中似炒豆，嚼之，泥沙满口，急吐于地。后有灯来，乃田螺也。

9月30日　星期三　晴

晨3时半起，天尚未明。盥洗毕，出如厕。村路边有公厕，颇为整洁可喜。返客店而郑君已在门候余，曰时不早矣，宜上船。乃携衣被包裹下船。东方天渐现红色，船即开。是日船所过急滩益多，乱石纵横，排列水中，舟人起而背纤，声越诗所谓"寸寸与水争"者是矣。凡遇石矶多处，亦有人候于矶上，助舟人背纤，毕则受钱。此类人最为勇捷内行，老者为多，以此为业。

下午2时，舟抵琅口村，有货装卸。琅口距沙县仅10里，因装货迟，又不得开，遂泊于琅口过夜。

予仍上岸宿于客店，得靠河之一室。中有桌子，借可记日记，看田边氏《中国音乐史》。田边书虽称中国音乐史，实是东洋音乐史，殆译者改名乎？即在客店中吃稀饭。既睡，又有客来，乃农人四五，担荷以入，占邻室。唯至余室中吃饭，颇为纷扰，遂不能入睡。此店女主人病，闻呻吟声。

10月1日　星期四

晓月可见，天未明也，四五客者皆起，至余室早餐，餐毕担荷皆出。店中人云，天已明矣。余起，盥洗，进点食，抱被登舟。舟中客皆沉睡未起，天尚未明，不能进舱，倚船头假寐。

天明船开，行 10 里而至沙县，泊于浮桥之侧。浮桥甚长，并舟加铁索木板以成，各地恒见。水中见有旧石墩，殆以前有大桥，毁而不能重修者欤？雨。留舟中。郑君上岸去接洽，久而不至。余不能待，乃借伞登岸，入城。沙县街道整洁，为石板大路，步之，较建阳之蹩脚汽车道高明多多矣。沙县之好处即在公路不经城市，在河之对岸。不敢多留，匆匆购月饼、桂圆而返。物价比建阳廉一半。郑君来云，平价处预定永安来此之车，在此待数日，已开回。今无车可设法，须在此宿。

余再入城，理发，修理皮鞋。返，自船中取出行李，借宿于县城之对河，汽车站侧之新生活旅社中。旅社床铺皆新制，云每铺 4 元，备二人睡。予仅一人，又客已满，通融睡加铺于客堂中，每日 2 元。展被休息，觉有寒热。店主人亦有病，睡客堂中，呻吟于侧。寒热未退，强起，在邻店中进稀饭，另青菜肉丝豆腐汤一碗。共费 4 元。

10月2日　星期五　晴

夜睡尚佳，病已愈。晨 5 时半起，至汽车站买票，人极挤，一无办法，客人打架。仅售 5 张票而门闭矣。多预先买票者。站长昨告我，无登记办法，须天明来买票，不能预买，实诳余也。同船来者有三人挤得票，乃行。但行李不能同时装。予觉车极坏，又行李不能同行，则在此待与在永安待，理亦相等。

有省立图书馆分处在汽车站之后进。入观，报皆陈旧，新者殆为人携入私室，未付架上。无书，有杂志数种。有《国文月刊》，仅一期，乃在隆阜徽州女中施先生处已见过者。问管理员，无之。有寝室数间，陈设甚美，数少年出入其中，问之，非馆中人也。

汽车站之对面为公共厕所，题曰："福建省卫生处第二防疫所沙县中心卫生院设立。"外表颇漂亮，入其中，污秽不堪，殆永无人冲洗者，较之青溪琅口之村厕弗逮远甚。

此汽车站一带之旅社、食堂，均有木制之标语，悬挂满室，如"捧菜要用托盘""店堂不洁可以招致蚊蝇""痰吐痰盂""食物不可用手挟""厨役要穿围裙"，制式皆新，字用美术体，加以美术图案，红蓝各色。店中用以为装饰品，不明其意也。例如旅社中并不兼有食堂，而所悬皆食堂中之标语。予在饭店中吃饭，从未见有托盘，且碟子未洗，即以盛菜，以桌布揩其边缘而已。厨役从不见穿围裙，且从不见有痰盂。炒肉丝等往往用熟肉，已隔一二日，余见有客来吃，且吐且骂。

此间肉价每斤 8 元，一小盘洋葱炒肉丝要 4.8 元，用二两肉，洋葱 3.6 元一斤，用半个洋葱。问其何以卖得如此贵，答曰一半入官。今之 1 元，仅为 5 角云。闽语不甚了了，不知谓屠宰税重，抑饭馆业捐税重，且何以一半入官耶？

新生活之店主人尚客气，店中客人已少，予由堂中加铺而迁入正式房间中，有四榻，皆空无人。予虽用一榻，等于独占此大室，店主人答应，仍算每天2元。

与姜站长谈，知明日无区间车，唯南平来客车，如有下者，或可设法。下午过桥入城。沙县城傍河而筑，城墙甚高伟。有水门若干。城中东西大街皆石板路，宽大。有电灯厂。公共建筑皆甚漂亮，较建阳为好。有省立医学院。欲至省立图书馆，天已晚，中途折回。

10月3日　星期六

昨夜睡铺靠外窗，蚊子甚多，不能安睡。昧爽即起。

南平客车未来，抛锚于琅口。姜站长云，明日之区间车亦已靠不住，闻要改为军用。站中行李堆积如山，竟一无办法。

此间有军人车、邮车、银行车经过，客人至此而饭。每闻车声，予皆出视。凡至永安者，必与交涉，因人皆挤满，而余又有行李，徒费口舌而已。

闽建设厅厅长陆竹天君，余之同乡兼同学也。余至永安，必去看彼。此刻困于此地，颇思以长途电话告之，请其设法。继思不必干求而罢。如彼放小汽车来，则汽油价出不起；若云便车，则彼情形隔膜，尚不及在此每天看见若干车子过境耳。

余之困于此，乃误于李斯达之介绍便船。当时去见李君，一问便车，二托其在站上预先购票。便船之事，大上其当。声越云，凡所谓便者皆不便之谓，今果然矣。使当时不托李斯达而照原定计划看《东南日报》社之胡健中先生，托其设法买票，则必可办到。此间沙县虽有区间车开永安而班次不准，又是木炭车，不同装行李。南平来柴油车，车顶可装行李，而每车必满，甚难挤上。与姜站长闲谈，姜君在1919年至1927年顷，在南京东大附中任事，能言当时高师及东大人物。余仍托其明日有车必为设法。

是夕仍宿新生活旅社。寒热又来攻袭，晚间未进食。郑君来，云车无希望，将雇民船运货，五六日可达永安云。

10月4日　星期日　晴

上午10时，南平有柴油车开来。有一人下车，此间有三人跳上，余又有向隅之叹。见姜站长于办公室，方忙于打电话，频频摇头，谓教界人文弱，无法同人挤轧，明日有装行李车再试试。

又有一邮车来，与之商量，不得结果。另有一车来，不知为何种机关所包，与之商量，稍有可能，而三四人来，押车者见人多，遂推托以车坏，疾驰而去。

今日身体尚好，颇有食欲。欲进城去吃一顿，乃恐有车来，不敢离开。仍在附近饭馆中进食。一菜、两碗饭，费5元，但较之建阳尚廉也。

午时天气炎热，仍如夏天。此间气候较建阳又异，即午时甚热，而晨夕不如建阳之冷，一天气候较为平均。

10月5日　星期一　晴

晨起，姜站长来，谓有车名义上开梅列，实则开永安者，君可上。乃急整理行李，挑至汽车站，买一至梅列之客票登车，行李随上，免费。车上人不甚多，颇舒适。至梅列，所有人及行李均须下。余下而招呼搬行李者，将余之行李留车中。姜站长已为余打一电话至梅列站长处，为余补一票至永安。讵此时保安队十数人及甚多之行李均已上车，一人把守车门不使闲人上。余费尽口舌，始得上。同余之情形者尚有一人，于开车时始勉强得上。盖此车为保安队要求所增，由梅列开永安，而车则自沙县出发，故沙县梅列间可售客票耳。事实上此车亦非保安队所包，所出非包车之价，特每人购一张客票耳。余以此理由，得以声辩而上。

下午3时半抵永安，住大中旅社。福建省各处旅馆，以中南旅行社为第一，乃福建省银行所办，但总有客满之患，多机关阔人，余亦懒于问津焉。

身体发热，埋头睡觉。睡起进食。问建设厅地址，知在第一桥。因天已晚，未克赴。

大中房间8.8元，嘈杂。

10月6日　星期二

上午至建设厅，建筑甚新美。见陆竹天厅长，即在其办公室谈甚久。竹天接任年余，闻尚廉介，但近来亦萌辞退意。彼与余讨论上海老家是否应迁松事，迟疑不决。又见同乡谢一鸣君（寿鹏），在统计处为主任。统计处又有同乡吴芝瑞（即蒋芝瑞）。谢君邀赴其家饭。有屋二间，为建设厅宿舍，尚清洁。彼之夫人亦在建设厅服务。饭后闲谈。

竹天托一陈秘书留意赴赣或赴曲江之便车，但须待两三天。余意不如坐客车，乃托陈秘书出信，返至汽车站，尚及购得明晨开长汀之客车，票价184元。遇一某女士，无行李，乃借其车票，行李过磅，本为45公斤，不知为何，报曰33公斤，以两车票遂得完全免费。某女士为余事多待一点钟之久，意亦可感。

谢君仍约余去吃晚饭。乃赴建设厅，且告以买票之顺利。饭后，久待竹天尚未返，知有应酬，遂不及辞别。晚9时返旅社，忽思一访陈伯龙。伯龙夫妇尚在此，住中南旅社，乃常州女子告我者。一见欣然握手，遂剧谈自屯溪出发后情事。彼乃与吴崇毅同随王营长贺秘书同行者,事实上亦与陈连长为伴者。彼于江、于两公,颇有微词。

谈久,而中南门已落锁,茶房皆睡,索性谈下去。至天明始兴辞而出。

10月7日　星期三

晨5时半至汽车站,待车。6时半车始来。木炭席篷车,乘客一拥而上。余及某女士皆无座位,乃找站长。后勉强搭上,坐车后,车开灰沙扑面,形乃如囚人。仿佛牌弯店至屯溪公路汽车之苦。但彼时车价甚廉,今则付1元一公里之汽油车资耳。

至大陶站车停,乃下车至站上,讨得一杯茶。又至一理发室,讨得一盆水洗面。问理发师此是何处,答曰大陶,再前有小陶。复云:此间地名大陶、小陶,不滑稽否?

车至小陶又停。乃下车进点食。车过连城有二人下,又有数人悬车而上,益挤。至朋口已下午4时许。人云此车不开矣。乃找旅馆宿。方盥洗,旅馆人云,至长汀有车,即刻开。乃又挟包裹提包下楼。果有一车,人将坐满。入其中。久候司机来,弄车不灵,乃使人推车,过桥,车又停矣。于是司机及另一人修车,久之无效。时天已暝,余及车上人皆云,今晚不必开,离长汀尚有80公里,且须过一岭,恐中途抛锚,或出事也。又久之,方决，站长来云不开矣。遂半推半开，车返汽车站。余仍返维新旅馆。时已晚9时，始进食。

10月8日　星期四

昨晚在旅馆中检点提包，见遗失书二部、日记簿一、装烟草之皮夹一。乃向站上交涉，知在至朋口之第一车中所失。幸扫车者拾得书及日记簿，今晨余得领回。皮夹则无之矣。

晨7时车开。名曰汽油车，乃一种植物油车，或曰樟脑油，其气味如松脂油，颇难闻。但车中有座位。中午抵长汀。倦甚，入远东旅社，睡。2小时起，进面食。

下午2时，问明厦大地址，至其门房，问施蛰存，云住长汀饭店，林庚住山上宿舍，唯萨校长则在校办公。乃往谒之。萨氏久别，见余畅谈清华近况及厦大情形。要余留一二日，参观厦大，并云倘能留此更佳，因中文系尚缺人，而西联彼可去电为代办交涉也。余感谢其意，恳辞。

得人导，参观图书馆，又至文学院办公室，施君不在，乃使其导余至长汀饭店。饭店为厦大最初之教职员宿舍，颇曲折进深。至最前一楼上，蛰存赫然在焉。见余来颇惊讶，事前略无所闻，以为余或留申未出也。蛰存有二室，颇宽敞，谓余宜迁住其中；留一二日。乃至远东旅社取衣被提包出。大行李则原存汽车站未取。

是晚宿长汀饭店，与蛰存长谈。又见李雁晴（笠）。

10月9日　星期五

上午至林庚处略谈。午时萨校长邀饭，客12人，连主人为13人。校长住宅旧为仓颉庙，经改造，颇清洁。有一会客室，窗用明瓦以代玻璃，光线甚佳，平时亦为会议室。另一饭厅。皆极大。四壁书架，放厦大图书馆书。盖恐轰炸，故择精要者疏散在此耳。此仓颉庙在北山上，地势较高。

吃饭用转桌，科学方法。某师长首席，另有武装二人，余为厦大新聘教授数人及校中重要职教员数人。

饭后参观各科学实验室，设备均佳。旧为县文庙，化学实验室等乃旧监狱所改造者。

是晚，蛰存特命校舍厨子做一鸭、二鱼，以饷余，林庚为陪客。

是日上午，蛰存领余参观厦大图书馆。西文书，凡语言、文学、哲学、历史、医学、生物皆富，物理、化学、数学书亦可，而关于中国文学之书籍亦多，出乎意料。据云语言、文学为林语堂，生物为林惠祥所购，故有底子。人类学书亦富。中文则丛书甚多，地志亦不少，顾颉刚所购。金文亦不少。

又有德文书不少，自歌德以下至托马斯·曼均有全集。尼采、叔本华全集英、德文皆有。亚里士多德有最新之英译本。

10月10日　星期六

余欲行，而蛰存留予过国庆节。街市上均悬旗庆祝。林庚邀饭，夫妇二人及一女孩，住处甚佳，有清华新南院风貌。若此者共有5所屋，可住10家。蛰存云厦大之头等宿舍也。林宅布置新式。饭菜有鸭子、鱼、红烧肉、虾等，颇可口，殆费四五十元。

饭后，同蛰存过某书店，其中有厦大文书某君，善篆刻，有大批图章寄售。余择买5枚，得八折，共费100元。蛰存云尚可驳价，余因是熟人，反觉不好意思也。

见邹文海于中南旅社。邹君将赴中正大学而萨校长半路要之，邹君在考虑而未决。余告以中正设备不好，人事闻亦甚困难。此间图书多，可留，极力怂恿之。邹君谓当初厦大亦曾接洽过，条件不如中正之优，如薪金仅为380元，旅费亦有限制，中正则薪金在400元以上，为政治系主任，旅费可实报实销，且可派车子来接。今厦大因政治系走了几位教授，致下年课亦开不出，萨氏遂允照中正一切待遇，未免前倨而后恭也。

与邹君同车来并同住一室者有王艮仲，一谈之下，乃南汇人，中大毕业，与余前后同学，且为大同乡。王君询徐宗士、宗骏等人近况。王君在党部中服务，其名片头衔甚多，将赴重庆。彼与邹君之车乃私车，邹君谓如彼留此，则有一空位，予可搭至赣州。但据王君云，车须二三日以后开，又极坏，易抛锚，又至瑞金或更有人上。故余决意仍购客票。

是日下午至车站买票不得，因今日车坏未开出，明晨须载运昨日买票预订者。

10月11日　星期日　晴

昨日买票未得，故今日又留此。晨起已7时。林庚来，同出，游中正公园，见芙蓉花盛开。

长汀多柿，硬而多水分，外以石灰敷之。削皮而食，有桃梨之味。1元可购四五枚。有柑子，贵而不佳。有栗，大而好。手工业以纸为最，店家包物用纸皆极好之毛边纸。长汀物价较永安、南平廉。下午3时，至汽车站买赴瑞金之票，价48元，48公里也。

同蛰存游苍玉洞。多苍玉色石，错落布置如江浙庭园中之假山石。此为天然而大，惜为筑公路削去不少。洞之本身为一观音庙，多宋人题名，可识者已甚少，有苏才颂一块。蛰存云有叶梦得题石见志书，今觅之不得，疑在某土丘中，蛰存能指其地也。此苍玉洞宋时濒汀江，今则滩涨离水甚远。旧有亭台楼阁之胜，今荒废不治。旧有几个石门，均为筑公路者炸毁。

立汀江桥上远观晚霞，颇有潇洒出尘之想。

晚饭后,寿俊贤(振祚)来,寿君为松江第一高小同班同学,一别20余年矣,知余过此,乃来视,谈至子夜始去。略整理东西,即睡。

10月12日　星期一

晨5时起。蛰存亦起。天雨。未进食,匆匆使校仆张伞持余衣被包及手提包同行。至汽车站,人已拥挤,而门尚未开。门开即蜂拥而入。余急上车,得一加座。蛰存为予照料行李装车顶上,故留甚久。彼晨7时有课,乃为予牺牲矣。是日,行李不做票,省费不少。车7时始开。

10时许抵瑞金,仍微雨。取得行李,挑至陶陶招待所,客满,乃住瑞金招待所。无地板,泥地,黑暗异常,一室之费乃要6.6元。

上床休息。入睡,醒后即在旅馆中饭。饭后至瑞赣路汽车站(与长汀至此者非一,盖前者属福建,此属江西也)登记,先付60元。归途至瑞金街头游观,购柿子及其他食物归。晚出吃面。归时仅8点钟,而招待所门已关,茶房皆睡,同来者张君为予开门,亦可笑也。

10月13日　星期二　雨

　　清晨至汽车站，久待始知今日无车，闷闷而归。室中暗，不宜做事，乃上床补睡。

　　天雨不出。下午3时许有人来通知，今日下午4时可购票。盖登记时记录地址，故以次而及则来通知也。此是江西公路办得好处。挑夫亦来。乃挑大行李二件出至站中，购得车票。瑞金至赣州为145公里，酒精车每公里8角，故为116元。唯余之行李乃磅至48公斤，除15公斤免费外，每5公斤为一单位，共超7单位，内3单位为每位14.5元，其后之4单位为每位29元，加装运费5角，共费160元。比福建省之规定更贵矣。（福建每超出10公斤为票价3/10。）

　　余之行李费，在公路者，牌弯店至屯溪，得他人行李少者之助，仅费20余元。（其时票价亦仅45元。）自铅山至建阳作超过30公斤算（磅45公斤），建阳至南平亦然。南平至沙县，坐船未出费。沙县至永安，得姜站长之助，亦未出费。永安至长汀，永安站磅33公斤，余甚以为疑，因借得某女士客票一张，共免费30公斤，余3公斤亦未算。长汀至瑞金，未付磅，置车顶上，未算。值至此段，所费最昂。

　　今日午、晚两餐皆在附近一诸暨人所开之小饭店进食。鱼、荷包蛋、油花生、稀饭均可口，夫妇两人合作，其妇尤善烹调。

10月14日　星期四　雨

清晨5时至汽车站，7时开车。是日有两车开赣州，有车票者皆得座位。余邻座一人极胖，又带物甚多，置于身上及膝前，余乃大受压迫，足不得伸。

午时抵雩都，饭。下午3时，抵赣州。过大桥，车停。旅客皆须起至一处办登记手续，即以证明文件换取登记证，否则旅馆不收留。待甚久。余觅得附近一旅馆。待登记手续完毕后，即携手提包等出车站，径赴旅馆休息。

汽车站附近诸旅馆多告客满，所觅得者为工友饭店楼上一室，5.5元一天，光线极暗。唯晚间有电灯甚明，竟可写读。

在旅馆中略息，冒雨入城。（汽车站在东门外，离城市尚远。）沿大马路行，见市面极盛。至中国银行（在公园南路），见孙重威君，得于绍勋来书，托至桂林时致意广西大学教授雷瀚（绍籍，原任武汉大学教授）。唯建阳及昆明两处款均未汇来。孙君云不妨去电昆明，再促其汇。余念此间物价尚廉，尚可留待，如在桂林等待更不合算，故拟一电报稿交孙君，托其即发，请昆明汇2000元来，说明须洽中国银行，汇至赣州中行孙君转。孙君谓帮助教育界人，理所应该也。兴辞而返，已暝。返至旅馆附近一酒楼，吃6.6元之客饭，居然有炒鱼片及猪肝豆腐冬菰汤，远胜建阳也。

晚间闷甚，读林谦三《隋唐燕乐调之研究》。

10月15日　星期四

晨5时即醒。仍雨。邻室有客去，遂迁入。不意屋有漏雨处，乃更迁一室，稍光明。因天雨，仍无意于迁城内。

借笔砚作书寄蛰存、绍勋、聿修。

下午至汽车站提取行李归，防受雨而霉。

懒睡床上，读林谦三书，阅报。邻室有客大哼其京戏。

长汀以前尚在过夏天，直至到瑞金后，遇天雨，始觉凉，乃正式入秋令矣。

10月16日　星期五

晨5时半醒。仍雨。懒睡床上，使茶役出叫稀饭早点来。

11时出寄信，饭于青年食堂，不佳。买黄柑3个，费1元，颇甘美，仿佛南岳山头吃黄果时矣。彼时1角可买4只。

下午4时，天晴，有阳光入室。出门，散步于大桥之上。大桥者乃架木而成之平桥，跨赣江上，供汽车来往。闲来无事，往返一次，默数其栏杆柱子，约计桥长200丈，当在1里以上。

赣江两岸皆山，风景甚美。

晚饭后，返旅馆。开窗见眉月。读林谦三书颇倦。谋诸店主人，得旧报数份，《荡寇志》一册。

忽有广东人，为一中尉，离职要求补发旅费，已托人写一呈文，乏人誊写，来室絮聒，言语不通。余不得已为誊写，亦不知其将来有无纠缠也。其人昨日已来一次，言搭车赴柳州事，言语不通，不知其意。是晚，旅店楼下歌女杂唱京戏小曲，喧闹甚久。

10月17日　星期六　晴

午饭后进城，城中照例防空，尚无市面。乃问路至江东庙鸳鸯桥11号，见项太太及其子女，以前上海寓楼之二房东，前年到内地者。其先生为项元村氏，今在重庆农本局任秘书，昆曲名家也。在项太太处，遇其亲戚，乃今年7月初离沪，经九江、樟树等处到此。当余离沪时，彼曾来谈，欲以其女托我照料同走，我说颇有困难，今彼等迟行反而早到。见我此刻方抵赣州，彼等认为奇怪。（比她们早走一月余，而迟到一月。）又当初在沪二层楼之房客金家媳妇，亦同彼走九江来此，已转赴昆明矣。

自项家出，游中正公园。略无可歇足处。一博物馆，门闭，似未开幕。一西餐部，冷静无人。一中餐点心之茶亭，似为西式，未入。赣州有蒋经国驻此。有三年计划，一切在整顿中。街道有以地名者，如北平路等，有以人名者，如中正路、阳明路、濂溪路等。中正路被炸毁过，大店铺均毁，今有些新建筑及篷棚。

下午3时起，市面甚盛。余入二书店略观。购《儿女英雄传续编》一本，5元。实在旅馆中太闷，晚间又不想早睡，有甚明之电灯可以利用，而林谦三书等太正经，又已读毕二三次了。

至一茶楼小憩，阅小说数回，乃悟似曾看过。5时出，至中国银行找孙重威君，始知昆款已来，有2000之数，彼已函我旅馆中矣。略坐，孙君即代领款出，不要任何手续，余觉此次汇款之速，出乎意料，再三向其道谢。订明日邀其一饭，彼甚客气，言理应招待云云，似觉难于固请，但致谢意而辞出。

出东门，天已暝，在一熟饭店饭。返工友饭店，倚床阅小说，子夜始入睡。工友饭店亦有客饭，唯每日两餐，虽便宜，时间不适合也。左右邻室多军人。余以其价廉，而房屋新盖，尚洁净，故不想迁动。

10月18日　星期日　晴

闻人言今日为重九。晨8时许忽闻似炸弹声连续三响，楼下骚然，急出问询，始知为警报，且是紧急警报。因是星期日，上午电气不足，故不放汽笛而改放大炮。遂易服出，过大桥，转入公路，行里许至村店茶肆前歇息。迨警报解除，却用汽笛。

在村店附近遇一农人，手中弄一青虫，问之云是蚕。余观似青毛虫而美，比蚕则大数倍，又遍身青色。彼云乃野蚕，能吐丝结茧，在香港有得买，一斤丝值百元以上，非用织绸帛，乃用作钓鱼之丝纶云。如养之，须以樟树叶喂之。姑志于此，再以询人。农人将以木片剖之，俾余观其腹中之丝。余谓不必。乃放之于道旁树叶中。

下午，刚欲进城，见旅馆外停一皮鞋担，乃领之上楼，补油布包裂缝数处。毕后，易衣入城，遇微雨折回。至一所谓"北平分此"之东兴楼饭。菜不佳。

晚写长信与企罗。

10月19日　星期一　大雨

晨，张鸿志君来，乃蛰存在长汀汽车站上所介绍者，上海杂志公司老板张静庐之子。张君去后即感不适，发冷，卧床甚久，知系疟疾。如非沙县以后未发之余势，即邻室有疟疾之人传来。盖此饭店上面板壁不隔断，二室合一电灯，蚊虫可飞来飞去也。服奎宁丸。午时强起，至汽车站商量，将预定之票改迟两天，颇费周折。候之甚久，身不能支持，横卧木椅上。好容易得到许可，已下午3时，即归卧。

入夜稍愈。是日吃一碗半粥，4只柑子。旅馆中一小孩服侍茶水。

10月20日　星期二　雨

晨起稍愈。天仍雨。回访张鸿志君于大陆旅馆。张君有寿山石印甚多,系买于福州,皆不甚佳,唯极廉耳。

强至洞口春饭,觉饮食无味,口舌苦甚,乃内热所致。

下午仍偃卧,先寒而继之以热。

10月21日　星期三

上午强起入城,取回付洗之衣服,购茶叶零食。下午2时至车站买票。归整物件。算却旅馆账,共8天,44元,补作一书寄屯溪圣公会张会长。为时尚早,不能入睡。邻室有歌者,唱京戏无数段,直至亥时。余在工友饭店8日,夜听歌女声者凡三夕。或二人更番唱,略不得息,或一人为之,忽而小调,忽而京戏,令人兴呕哑嘈杂之感。因念吴歌则触动离乡之思,京调唤起燕市十年生活,当日何其太平。甚矣,声音感人之多方也。

10月22日　星期四

昨夜不知何时入睡,醒时听楼下钟声已5下。茶房来,自愿为挑行李,其人余素不喜之,不及小孩子之笨而忠。而小孩乃不来取小费。行李挑至车站,已5时半,张君等二人先至。三人同以行李过磅,共得67公斤,称者通融作65公斤算。于是除去三人免费重量45公斤，超20公斤，以5公斤为一单位，每单位1角1公里，共计出行李费92.4元。盖自赣至韶为226公里，票价乃226元也。

此得张君之助不少，不然余之行李，除15公斤免费外，再15公斤，依上法算，此外须倍付其费，比一张票价更贵也。

车座得占4号，为最佳之位，可以前观风景，不觉头眩，亦幸而如此。过南康，本地产柚子尚好，2元一只。过大庾换车。大庾旧为南安府治，汤临川《牡丹亭》地也。此地果然清秀，有苍山曲水亭塔，南望梅岭。少顷过梅关，乃入粤境。梅岭山不及自铅山至建阳赣闽间分水岭之高。惜以此时过，再一二月，梅树可着花矣。忽右侧飞过一亭，甚古雅，急视之，似有"补梅亭"三字。自大庾起直至南雄，车之两侧山峰断续，皆庾岭、梅岭山脉也。

过南雄，远望县城苍翠可爱，忽然车入城，贯城一马路，雨后泥浆四射。两旁建筑半中半西，为粗劣之广廊，殆如小孩之积木然。此则近代文明也。汤临川似曾为此邑守。

3时抵曲江，即韶关，旧为韶州府，今为韶关市。下车，过大桥入市。市面更大于赣州，而繁华。张君及其伴与余三人轮流找旅馆，甚久，始于二小旅馆中，各得一室。余住新华旅社，在大桥堍，房价8.8元。其地潮湿异常，楼上脏水管在余室后之上面经过，漏水下滴，气味难闻。伙计茶役皆不甚理会，徒唤奈何而已。凡都会愈大，余所能住之旅馆愈坏。

张君等来邀一同吃饭，同出至南园酒家，乃一赵君会账，费百数十元。余觉叨扰有愧。菜有原盅鸡、鱼，共五六样，皆极可口。是晚胃口稍开，不致每物觉苦味也。

返店睡甚迟。

10月23日　星期五

留曲江。未曾十分睡足，张君等已来，同出吃早点，走过沪江〔光？〕[1]，访赵君，乃同行，曲折至雪宫（？）[2]吃早茶，又为赵君会账去。出至车站问询，知明日有曲江通车，可直达金城江。张君不行，但其伙伴（为其桂林店中一伙计）须即赴桂林。其人甚幼稚，似须余照顾者，乃同定三等卧车榻位，云须明日3时来买，4时开车。匆匆即出。过合作社，购手巾二（30元），甚薄。余离沪携来数方已用罄，最后一方适在枕中，值蛰存云欲买手巾而无佳者，余以此赠之。故今觉缺乏，须补充矣。

返，午饭于一湘人饭馆。余付账，80元。一红烧狮子头尚不坏，余均不及昨日之佳。

---

[1][2] 作者存疑处。

饭后即睡。是晚张君不来，余过时而访之于其旅馆。深恐又叨扰两君，尤其恐再扰赵君，自出饭于南园酒家。出尽街市而走至公园，折回。买电筒一（85元）及食物数事，备明日上车用。

10月24日 星期六 — 10月28日 星期三（缺）

10月29日 星期四

上午6时半来空袭警报，出旅社，继之以紧急警报。向西行，未至山区，已不能通过，乃止于一隐蔽所。有光华大学学生自上海来者，同避此间，因闲谈。彼等9月初离沪，走汉口，一路顺利，用费约2000元，前日抵桂林。彼等谓至广西教育厅可领旅费至重庆、昆明等地，此间有对于自沪来之员生优待办法也。并劝余亦一试，彼等知余行李受损失也。

下午1时，遂至教育厅，遇第一科中无人，云均去开会。找到一第四科中人，托其探询有此办法否。久之，一秘书至，又一第一科中陈君至。陈君谓仅有发给学生路费办法一种，至昆明为800余元。教授无规定，或亦可用此办法。秘书则谓可至社会服务社223号访李焕之先生，彼为教育部所派驻桂办理关于战区内撤之员生事宜者。余不得要领，兴辞而出。下午4时至社会服务社，在体育场旁，高楼大厦。李君他出，候至6时尚未返。体育场附近多旧货摊,余一一留意,不见余之失物在其中。晚饭后,再访李焕之,见之,允竭力帮忙。彼在名义上但管学生事,但对余极为同情,必为设法。教厅第一科之陈君先在,似已以余之情形转告矣。

10月30日　星期五

李焕之来函,转述教育厅厅长苏君语,谓教厅不管大学教授事,仅允垫借若干,数目不大。又云赈济委员会第九救济区可帮助,嘱余访彼处王立文组长一谈。下午去桂北路赈济委员会,王组长不在,而在省政府,复折回至省府,见王组长(女士)。彼云,李先生已接头,此事待彼返会一商,大概有1000元,约明日晤谈。余转至教厅见一科陈君,彼云苏厅长允垫借1000元,明日上午可来领款。

10月31日　星期六

2时半,天未明即来警报。出旅社,星月皎洁。仍向西行,未及山,离公路,向一村屋行,至则新盖一屋,屋顶已成而未有墙,人避居其下者甚众,唯不蔽风。觉寒。亘一小时许而警报解除,乃返睡。至7时,教育厅陈君来电话,谓宜即来取款。至教育厅,重写一收据,略述原委于附记中。陈君转此件至秘书室,又转入会计处，手续甚烦。而支票须待厅长签字，下午2时始能领款。

出省政府，至桂北路赈济委员会第九救济区办事处，见王立文组长。王女士已为我商洽一切，具一收条甚简，即得现款1000元。

返至南园酒家，进面点。下午2时又至教育厅会计处，领得支票1000元。至广西银行总行（桂东路）兑现。

一日之间，领得公款2000元，足以偿余湘桂车中所失矣。唯往返甚劳，返卧，觉寒甚，齿牙作战，后又发热。晚7时愈。强出至粥店进白粥，每碗7角，甚佳，唯须自备粥菜。

11月1日　星期日

8时起床，出进早餐。至公共体育场附近旧货摊上，购得被里子二个，一价180元，白斜纹布，尚新；一价200元，有红条者，亦尚可。又至上海旧货公司，购昨日所见之丝绸被面，以200元得之，较他处价尚廉也。下午寒热来，乃卧床。晚未出吃饭，使旅社仆役购面包及柑子。

11月2日　星期一

上午6时警报，西行至山，见防空洞，外有布告，云湘桂路员工为家属避警建，私而非公，不得入。沿山行，上空有异，避入一村家。闻高射炮声、炸弹声、机枪声，皆激烈。10分钟而罢。出屋至山上，乃无事矣。据云，此次是空战，敌机一架冒烟云。余乃未得目睹，可惜。下午欲出购物，而寒热来，不得不睡。晚8时热退，强出。至东方浴室洗浴。归付旅社账，计8日为88元，外又给仆赏8元。

11月3日　星期二

晨5时起，挑夫来挑行李，出新西安旅社，至南站，购直达金城江之二等车票及卧车榻位，共费110余元。今日车迟到，7时方至，7时半开。约迟半小时余。

下午2时许车抵柳州，一路山景皆好。惜余所得者为上铺，上下不便。下铺为一孙君，昆明德和机器厂中人，甚客气。略与闲谈，得悉昆明近况。车中进稀饭，甚佳。

对面上下两铺为一对夫妇，有小孩二，均会吵。

夜10时半抵金城江。余等不下车，即宿车上，知下车找旅馆反而较难也。但室中小孩夜间啼哭，妨人入睡。

11月4日　星期三

晨6时醒，盥漱毕，付仆赏10元，下车。入金城江市。市小而繁盛，觅旅馆皆恶陋，得大中华楼上小间，10元，不堪之至，姑以小憩。出而进早餐，得绿豆粥。至侨民招待所，主任王某未见，见一陈君，彼谓余所持之赈济委员会归侨免费乘车请求公函为无用。此间赴贵阳，有客车及商车，后者至多能八折。至军委会及资源委员会车，或能免费，须自去接洽，亦不知何时有。自滇缅路失去后，情形即如此。余谓桂林何以不知，尚发此类函件？与谈颇牢骚。乃至中国运输公司之汽车站登记客车，遇联大经济系毕业生朱伯璋君，见我招呼，朱君4年前曾在余国文班上，又与江澜稔熟，余已不识。站上人云，须候15日之客车矣。余觉在此须待10余日甚糟，后各出证明文件等，彼乃允设法，约明晨再来。朱君陪余各处走动，至黔桂路设立之宾馆，候补房间，人极挤，居然得一双人房，24元。即去大中华及车站搬出行李，迁入。室甚佳，始觉精神一爽。且有餐厅，客饭6.5元者甚好。余等两人合伙，而一切皆朱君经办之。

11月5日 星期四 晴

昨睡甚美。今晨3时醒一次，醒后又睡，6时醒，6时半起。前后得两梦，皆在北平。初梦：寅恪先生来余斋头，问斐云三十初度，要送礼否，余曰不知，继闻斐云在家下面，不令人知。陈先生略谈，继见余所批校词集（似为朱笔批《花间集》，未终业），微笑，余甚窘，曰此乃我初到清华园时所为。陈先生曰，亦是一番功夫。语毕，有人敲门。以中不帽，岸然而入。继之，又闻门外人语声，出视乃昌群与在宥在户外谈，揖之入。继而子植亦来。余曰，今日何客之多。曰，方小酌席散过此，尚有多人流连书坊中也。又梦似在北平香山甘露旅馆中住。早起，忽见人群中有平伯，讶曰，多时未见，君何以亦在此？平伯曰，真偶然相值耳。言毕不顾，匆匆自去。余诧甚。两梦皆短而清晰。

与朱君同赴餐厅进稀饭，有麻油拌豆腐，家乡滋味，甚佳。

至中国运输公司汽车站，竟买到今日午时开行之汽车，幸运之至。归过街市，购物。拟购毛毯及帐子，终于放弃。购一热水瓶165元，一磅半之小型者，仅足抵余在宁屯公路中所损失者。归宾馆，整理行李，10时半至站，行李付磅，计出车票价308.7元，行李过重费168.60元，两共477.30元。又返宾馆餐厅饭，仍为两个客饭，加添百叶包肉一盆，三只3元，亦家乡风味，甚美。

车12时半开。余位第十三，在窗口，得看山景。广西山特别处又非福建山之比。峭壁如削，上被野草，远望如苍苔点附而颇有层次。又数峰重叠相连，如屏插然。忽而万山重叠，峰尖矗巃入空，上有墨云吞吐，此又换一种阳刚画笔矣。一路层出不穷。

车抵河池而停，今日仅行30里。余等宿乐群社三楼。开窗面山，时小雨初霁，山际白云潋然。河池为县，而冷落不成市。

但有中国旅行社招待所，亦有中、中、交、农四行，知往来旅客甚多。且中国运输公司汽车以河池为正式站，金城江之车站特一转运站耳。乐群社双人房间20元，尚洁静，中间有客厅，堪坐。

有印人南卡里（Nankari）者，香港丝绸行商人，亦乘此车，孤单无伴，且系异方人，言语不通，乃搭我们为伴，同出晚饭。此印人亦一佛教徒，不食牛豕诸肉，唯吃蔬菜、鸡子、鸡等，颇为麻烦。言谈亦俗。

晚7时半睡。

11月6日　星期五　阴

晨5时起，整装出至汽车站，进早点。车7时半方开，盘高山，下坡。至南丹县饭，时11时半。南丹市面不及河池。饭后开车，大雨。山景甚奇，米芾所不能到也。下午3时至六寨，止。余等宿金华旅馆。六寨市面较南丹为大，属南丹县管辖，桂省之尽处，过此为黔省界矣。

11月7日　星期六　雨

上午司机修车，饭后方行。70余公里至独山，宿。同行印人未进中餐，晚饭大吃一顿，与余等共桌，饭后连要两杯牛奶咖啡，竟无请客意。朱君为彼做事甚多，从未闻其致谢。

11月8日　星期日

晨7时开车。木炭车无力上坡，而司机又不肯多用汽油，尺寸以进，且时时搁浅。下午2时始抵都匀，仅行70余公里耳。宿都匀，旅馆颇清洁。附近多山，可登，惜疲倦思睡，不暇一游。俗谓贵州"天无三日晴，地无三里平"，今午却放晴，至都匀则阳光甚美矣。

旅馆有桌，可写信，乃作二书，一寄松江（附邮票8角），一寄屯溪苏光曜（李君转）。

11月9日　星期一　晴

修车未竣。至下午1时始开出，但不久又折回，重付修理，需换引擎云。今日遂复留都匀，仍宿第一招待所。读完朱君所带之BlueBook（名人录）中小说两篇。

11月10日　星期二　阴，无雨

车换引擎后仍不能行，乃乘救济车（酒精车）行。下午3时开出，6时抵马场坪，行50余公里，宿一旅馆三楼，甚坏。读报，北非英军大捷，俘一德国将军，击毙一副司令，俘德军4000人，意军4万人降。

11月11日　星期三　阴

余等至站上交涉仍用救济车开出，站长谓酒精太贵，须3000元云。下午修竣一木炭车，晚6时开抵贵定。是日宿贵定。

11月12日　星期四　晴

晨7时许，车自贵定开出，下午1时许抵贵阳。自金城江出发，至此已费8日矣。有班车后余等之车出发者，早3日到。车未至贵阳约7公里，地名图云关，有资源委员会车翻倒在途，车底向上，死者五六人，伤者数人，重伤者二三人，惨不忍睹。此因汽油车下坡不及刹车之故，余等坐木炭车，虽缓尚平安也。

余等休息于贵筑大饭店，即在车站附近，双人房一间，22元，极简陋。朱君出去访友，因是总理纪念日放假，奔走甚久而回。至昆明或曲靖，无客车，须接洽货车。朱君之友周君小嘉在贵阳公路局者帮忙间接得一介绍信，可持至野鸭塘邵专员（兼站长）处接洽中国运输公司之货车。

11月13日　星期五　阴

上午乘马车往大洼邮政管理局，接洽邮车。登记已至12月6日，废然而返。入城买物，购得皮鞋一双（150元）、茅台酒三瓶（120元）、祁门及龙井茶共一斤（88元），后二者备送礼之用。

至禹门路见朱谱萱君于西南公路工务局，朱君为叔建先生之公子，叔建先生托带一套衣服与之。晚间朱君来贵筑访余取衣服。余与伯璋，南卡里及朱君之友周君出旅社至城内，至一饭馆就餐，有江南风味，得枫泾丁蹄及极好之稀饭。贵阳酒极难买，牌子一样而价上落十元二十元不等。闻真正茅台酒须300余元一瓶云。

是夜大雨。

11月14日　星期六　小雨

晨8时雇马车至野鸭塘，三人及6件行李共一车，费70元。此地离市中心9公里，为一乡村模样，使余忆及安徽之牌弯店。接洽结果，买到票，明晨或可成行。宿南京旅社，一家庭旅馆也。四人共楼上一室，每榻8元。稻草敷席，有被尚厚。时天已寒，余已穿上丝绵袍矣。贵阳至曲靖502公里，票351元，行李自管。

11月15日　星期日　小雨

坐中运公司8605号车，司机已预接洽一"黄鱼"，强挤入车厢中，余及朱君皆感不适。车后装水银30余瓶，另有短程之"黄鱼"数人。是日行86公里，宿安顺，行李装卸皆须自己照料。

11月16日　星期一　雨

清晨起，雇挑夫搬行李上车。是日行147公里，宿安南。上午9时过黄果树，见大瀑布。车不停，但从公路上下望，似比云南路南之大叠水略小。过盘江铁索桥。

11月17日　星期二　阴

8605号车付修。朱君与杨站长交涉，易车以行。杨适为朱中学同学，极力帮忙，至下午3时始得8672号车。司机为陕西人，较老实。车为空车，后坐唯搭一客。是日行50余公里，宿普安。

11月18日　星期三

上午8时出发，行50余公里，11时抵盘县，车又不能行矣。宿盘县。余之寒热又发，早睡。南卡里及广东人许君之车亦至，至逆旅中觅余等，相见甚欢。

11月19日　星期四

车修至11时始行，半路上遇炮兵团陈副营长之车倾倒在途。营长及许多兵士以手枪喝止余等之车，大批登上，且装入许多米。车载重既过，一再抛锚。晚6时勉强至平彝，宿招待所。是日，印人南卡里车抛锚，亦登余等车上。

陈副营长微伤，入余等车厢中。彼云常读《国文月刊》，且以之发给士兵云。后从谈话中乃知赏识《国文月刊》者为其上司。是日，朱君失一伞。

11月20日　星期五

自平彝出发，晚抵曲靖。是日余与朱君仍坐司机旁，陈副营长亦强入内。余等闻陈拆卸彼伤车之机器、轮胎等，意图出售赚钱，且闻在平彝彼手下兵士以米出售，盖载在我等车上者初非军米，实乃民米以为贩卖耳，故对之印象殊劣，不甚搭理。

所谓伤兵实已他去，登余等车上者只一人有微伤。陈营长云彼当时曾以手枪击司机，以枪无弹而未中。此伤兵曾追之而勿获，皆可惜，因彼司机身上有现钞若干也。朱君云小兵甚苦，每月仅有6元零用云。

此车因载兵士若干，故甚重，唯得"黄鱼"四人，司机略有所获。司机昨晚言，彼因所领是轻载车之酒精量，昨日重载，损失二三百元云。

印人及广东人则另坐彼等已修好之车去矣。

是晚宿曲靖一旅馆。旅馆中似有一军界长官，余去如厕，为哨兵所阻，几不得入。

曲靖旅馆甚贵，余及朱君得一三榻房，须50余元，一榻空焉。

11月21日　星期六

清晨起，雇挑夫至川滇路车站，相距颇远。印人及广东人亦来。车为滇越铁路式，不分等级，一律皆四等。窗极高，闷坐其中，且甚挤。

车抵昆明已是晚7时。朱君谓昆明旅馆难找，至拓东路工学院为近，总可想到办法。余亦懒找旅馆，且行李挑来挑去费钱，又怕与印人住在一起。遂挑行李至拓东路。

适褚士荃君在工学院，一人一室，可设法加铺。遂宿彼室中，与褚兄做长谈。

自5月29日离沪，今日抵昆，在途凡177日，所历艰难有非始料所及者。

11月22日　星期日

上午褚君约余至冠生园进早点。即赴西仓坡见梅校长。梅刚欲出门，相遇，略谈即别。至新校舍，至师范学院，余急于知本学期之功课如何也。因是星期日，未遇国文系中人。至北门街71号，遇陈岱孙、陈省身等。彼等询自沪来此情况。遇邵心恒，知佩弦在城内，外出将返。而吴雨僧师[1]来，必欲邀余出去吃饭，

---

[1] 吴宓，字雨僧。浦江清由吴宓引荐进入清华，故称其为"师"。

乃偕出。返而佩弦又已他出。

返拓东路。佩公来，略谈别后情况，因太晚，彼匆匆去。约我明日下乡到文科研究所，可遇冯、闻诸公。

11月23日 星期一

清华文科研究所在龙泉镇（即龙头村），在城之东北约20里许。与佩公10时出发，午刻到。见一多、骏斋长谈。又见冯芝生先生。冯有家在彼，离所址不足半里。梦家亦有家在彼。

所址仅一乡间屋，土墙，有楼。中间一间极宽敞，作为研究室，有书10余架，皆清华南运之旧物，先提至滇，未遭川中被毁之劫。书桌8件，闻、朱、许、何善周（助教）、朱兆祥（助教）、范宁（研究生）、刘功高（助教，女）、另一哲学系研究生。余来，刘功高搬至楼下。

卧室则在两厢房。闻及其眷属占其一，朱、许、何占其一，余来乃在室中加一铺。

研究所由一本地人服役并做饭。七八人但吃两样菜，一炒萝卜，一豆豉，外一汤而已。极清苦。据云每月包饭费400元，且由校中贴些茶水费，否则要500元云。

11月24日　星期二

留研究所中看书。又至梦家处、游国恩处。游，北大新聘担任文学史课程。又至北大文科研究所看书，亦近，不到半里。以两处书合并以观，勉强可足。佩公问较厦大如何，余曰，尚差远也。如《四部丛刊》一、二、三编及《四部备要》、《图书集成》、百衲本《二十四史》等皆此无而彼有，《丛书集成》只到第三期书。大概经学、金石学、小学、正史皆略备而缺丛书及集部，集部唯有《全唐文》、《全唐诗》、严辑《古文》等。但有《大藏经》及《道藏》。

11月25日　星期三

留研究所。

11月26日　星期四

同许骏斋进城。仍到拓东路宿。

11月27日　星期五

同王明之、褚士荃到晓东街进早点，在金兰粥店吃小笼包饺两笼，每笼8件，24元，颇可口。明之做东。

11月28日　星期六

同江澜买被絮,连跑数家始得。一被絮4斤多些,每斤70元,共费305元。钱向褚君处借。

11月29日　星期日

褚君又借我一被窝,因余须在乡下及城中各设一铺,故需要两副被褥。是日迁住北门街71号。此为同事陈岱孙、李继侗等私人组织之宿舍,住联大教授10余人。余居楼下一室,极陋,房租三四十元。陈省身邀余与彼同室,在楼上,余以一人一室为便,故宁取其陋。

11月30日　星期一

至联大会计处取薪,得8、9、10、11四个月薪,及生活津贴、学术研究津贴,共3580余元。余到昆明时囊中尚余300元,合计共有3880元。即还褚士荃400元、许骏斋200元。

12月1日　星期二

自闽带来之疟疾,仍在发,今日微有寒热。服奎宁片。

12月2日　星期三 — 12月5日　星期六

留住北门街。此月在北门街宿舍中包饭，每星期两天，即星期四及星期五。余日吃客饭，每餐10元。包饭每月500元，1/3为170元。饭菜两荤两素，六七人尚够吃。每顿有一大碗红烧牛肉或猪肉，唯米饭不佳。早上是稀饭、油花生。7点半开，迟起即不及。早上无热水，用冷水洗脸。每餐后来开水一道，此外无之。有时出外锁门，即有无水可喝之危险。

12月6日　星期日

至拓东路褚君处。出门见国旗飘扬，学生成队游行，询人方知欢迎英国国会考察团来昆也。在工学院门前观此热闹，从上午11时起，至下午2时半，来宾方到。此时夹道皆欢迎团体，而来宾英国国会议员四人，由我国顾维钧大使偕同，自魁星阁起至泰和街，下车步行。是日街道整洁，为昆明未有之盛。

下午取一被包，至大南门上公共汽车。车中人挤，而余又有寒热。车行亦逾一小时半，绕道于公路，比步行之道为远。至研究所已晚，而是日晚饭迟，尚及。

12月7日 星期一 — 12月9日 星期三

留研究所。9日汤锡予[1]先生邀饭。

12月10日 星期四

同许骏斋进城,许君之友汤君同行。是日大雪,为昆明所少见。行时雪已霁,西山戴雪,遥望极佳。步行不觉天气之冷。是日走小坝一道,非以前佩公所领之路。

12月11日 星期五

留城内。

12月12日 星期六

下午返龙泉镇研究所。

12月13日 星期日 — 12月16日 星期三

留研究所。

---

[1]汤用彤,字锡予。

12月17日　星期四

同许君入城。是晚至中法大学听闻一多讲《神话与诗》。大意为神话告终而诗出。神话与魔术时代，人觉无所不能，理想之境界皆可达到。至诗人时代则感觉人生之能力有限，而多悲观之思想矣。

12月18日　星期五

澜弟来，将二年前留昆之一部分书籍送来，并替我糊窗，收拾房间。经布置后，略可居矣。

12月19日　星期六

晨至拓东路工学院，取衣包书籍等。坐公共汽车至龙泉镇。车价18元，行李不取费，比雇挑夫至乡为合算。

12月20日　星期日　—　12月23日　星期三

在乡。开始重写《花蕊夫人考证》文稿，拟付《清华学报》。

12月24日　星期四

进城。是晚为圣诞节前夕，宿舍中人均外出，唯余一人守舍。读任二北《散曲丛刊》，预备下学期开曲选一课。

12月25日　星期五

中午在金碧路南丰西餐馆请唐立庵、罗莘田[1]、闻一多、佩弦、骏斋吃饭。酬谢立庵代余教此半年词选课。每客70元，有汤一、小吃一、鸡一、猪排一、咖啡、水果、面包，果酱另加价，牛油售缺。连筵席捐、小费、纸烟，此餐共费500元。当我初来昆明时南丰西餐不过三四元一客，菜多，使人饱得吃不下。今但微饱耳。是日下午3时许来警报，出北门至郊外。

12月26日　星期六

今日为余生日。上午未出门。读《散曲丛刊》，选关汉卿以下小令若干，抄写付讲义。下坡，至青云街简而洁食店进午餐。炒一菜，10元，馒头二个4元，与客饭相仿。归舍，调可可两杯，以鸡蛋黄代牛乳，味甚佳。略睡而起，至西邻唐家花园内看玉兰，将赴唐墓（唐继尧墓）参观而警报来。仍出北门至莲花池附近闲走。及4时许解除，乃至圆通街进面点。至工学院褚士荃处闲谈。归过晓东街至金兰粥店吃粥，两碟素菜，一碗半粥，23元。

---

[1] 罗常培，字莘田。

12月27日 星期日

返乡。

12月28日 星期一 — 12月30日 星期三

留研究所,写《花蕊夫人宫词考证》。

12月31日 星期四

进城。新年除夕。北门街宿舍中人皆外出,晚饭人少,饭后唯余一人守舍。

1943 年

1月1日　星期五　晴

报端皆迎 1943 年为胜利年之文章。但自北非大捷后，至今盟军尚无进展。北非及缅甸反攻战事皆暂停顿，唯苏联时有捷报耳。

未出门，北门街宿舍中殊冷静。晚饭后，陶光来邀至无线电台广播昆曲，帮腔吹笛。是晚播《游园》（张充和）、《夜奔》（吴君）、《南浦》（联大同学），不甚佳。

1月2日　星期六

午饭在简而洁。遇许宝騄，谈莘田失窃事甚奇。莘田在靛花巷北大教授宿舍中，12 月 26 日出去吃晚饭，回来则皮袍、表、皮鞋、毯子不翼而飞，而门锁依然。损失万元以上。后经盘问，其役童招出，云赃在某处。乃由校警押此童赴彼处取赃。遇有两警察守门，询问何事，对校警云，手续不合，不关你事。同去警察派出所，半途童役跑掉，假作投河，校警欲追，而二警云，不关你事。于是至派出所，反将此校警扣留。闻罗君现但愿将此校警保出了事，赃物甚难复得矣。是日下午下乡，多携书一包，甚累。到研究所，同人出游黑龙潭方归，而仆人忘炊，于是尚及午饭，已下午3时矣。

1月3日　星期日 — 1月14日　星期四

此月余不在北门街宿舍中包饭。此数日留研究所，选元人散曲作讲义。闷时替研究所整理架上书籍，依经史子集放好。原来凌乱无次。

1月15日　星期五

下午进城。在城南购物，晚归北门街宿舍。

1月16日　星期六

上午访罗莘田未值。至校，借得陈所闻《南宫词纪》归。下午由小东门坐马车至岗头村，由岗头村取道北仓归龙泉镇研究所。

1月17日　星期日　晨雨，不久霁

是日，余等宴请冯芝生夫妇、陈梦家夫妇、余冠英夫妇、郭先生。主人为闻一多、朱佩弦、许骏斋、何善周及余5人。借郭家厨子，骏斋为提调。郭厨老李，北平人，烹调甚佳。是晚宾主甚欢。冯先生夫妇将有重庆之行，为设饯也。一席费约千元。

1月18日　星期一　—　1月22日　星期五

仍选散曲，自元迄明凡30家。

作《鹦鹉曲》5首，用白无咎韵。

1月23日　星期六

牛津大学希腊文学教授陶育礼（E. R. Dodds，又译陶德斯、多兹）由英政府派来中国讲学，以清华文科研究所与北大文科研究所名义合宴之于此。牛津大学中国文学讲师修中诚（Hughes，又译休斯）本在此村中闲住，邀之同来。陶育礼为爱尔兰人，年五十许，有长眉，佩公云似罗汉，但气度是一学者。饭后讨论甚久，夜9时散。

1月24日　星期日

下午同一多、佩弦及一李君至金殿，步行山路7里。金殿为

俗名，正式名为太和宫。宫在鹦鹉山上，树木蓊翳。由麓至宫里许为第一天门、第二天门、第三天门。石级三折。气象伟大。宫中一殿，柱、窗、顶全体均铜制而饰以金，今剥落。太和宫始建于明嘉靖年间，仿武当山之胜，以奉真武神君者。清康熙年间重修，曾赐道藏其中。俗称金殿，又误传为吴三桂宫，实则离城10余里，地址幽僻。

余等流连茗饮。茶花盛放，内一株色浅红者尤大，高二丈许，花大可比芍药。

5年前（1938年）曾同蛰存、春晗等来此，尚无公路，今则由城至此有公路直达矣。前游在春间，亦未睹茶花之盛。云南茶花此时正盛开。

1月25日　星期一

中午，游泽承（国恩）邀饭，亦饯冯芝生者。游夫妇皆江西人，其夫人善烹饪，扣肉及一杂羹，皆美味也。

1月26日　星期二　—　1月31日　星期日

在乡下。是月研究所包饭，全膳31天者约500元，而菜比上月好。何善周管厨房之力也。

2月1日 星期一 — 2月2日 星期二

苏光曜自重庆来信,要我汇款至渝(作为划款)。想进城,但连日天雨,又《花蕊夫人宫词考证》文未写好,懒于行。仍留。

2月3日 星期三

《花蕊夫人宫词考证》文脱稿,约有20000字。

龙泉镇六天一街子,今日因逼岁除,添一街子。鸡蛋2元一个,生花生20元一斤,鸡45元一斤,牛肉16元一斤,皆比平日贵。虽现在平价亦压不下去,闻城内东西更售缺,更贵也。是日闲暇无事,读《小方壶斋舆地丛钞》中杂书,连读数篇南岳游记,颇怀南岳之生活。是晚为小除夕,与佩弦讨论如何过年。是日阴雨。

2月4日 星期四 旧历岁除,是日阴

上午佩弦请吃烤年糕。下午同人集合包饺子(即角子)。晚饭即吃蒸饺,另菜二碟,佐以酒。又闻家送来鸡肉一碟,萝卜球一碗。此即年夜饭矣。同人兴致尚好。我自幸今年得在自由区过年,如仍僦居上海,则愁闷可知。晚饭后在闻家打牌。同人皆加入,或打4圈,或8圈、12圈不等。余无胜负。现在麻雀新花样

极多，又不算和数，一翻一百和，两翻二百和，三翻四百和。或小和一百，一翻二百，二翻四百，三翻八百。便捷之至。

2月5日　星期五　旧历元旦，亦立春日

是日晴暖。因昨晚打牌已到天明，早起甚迟。吃煎饺子。午饭有烧肘子、炒猪肝、冰糖白果等，皆何善周所安排。在故乡元旦吃素，此间旅居同事，不能守此矣。下午想出门做黑龙潭之游，不得伴。晚饭后仍入雀局。是晚镇上有龙灯戏。

2月6日　星期六

陶重华自城中来此，言城中龙灯戏热闹情形。此因废除不平等条约，与盟国成立新约，故政府特下令庆祝3日。同时世界战局形势好转，胜利在望。民间庆贺旧历年之高兴，远比往年为胜。上午徐旭生来与闻公谈宓牺（伏羲）、颛顼、高阳等史话。时当新正而抗论羲皇上古，亦殊别致。郭君约午饭。席间听第五军刘团长，自缅甸归来者，谈其见闻。略记一二。缅国人民以半月为一月。刘云或者古时称寿百数十岁或二百岁者。皆以一年为两年也。又云野人山附近有山民，两耳前移，口鼻凑聚，因能自见其耳，此种五官会聚之人，一见令人惊讶。极丑，非见过者不信也。女子形相稍好。又有山中之龟。又回滇时渡泸水，适为5

月初,水已大涨,难越。又水谷在两面高山间,不通风,地气因暑而上蒸,是以上下寒暖迥异,又谷间潮湿多蚊,人至者即病,此所谓瘴气也。此次病死者甚多。泸水水急难渡。刘云,无办法时,乃检《三国志演义》抄出诸葛亮祭泸水文,焚而祝之,居然风平浪静云。……

饭后,至棕皮营陈梦家、游泽承及钱端升、金岳霖诸家,均有茶点。归时,余戏咏"一去二三里,烟村四五家"之句。

2月7日　星期日

天阴,寒甚。在闻家围炉谈诗。游泽承谈散原诗尤有劲。传观诸人近作,佩公晚霞诗、重华黄果树瀑布诗、泽承律诗数章均佳。出,至汤锡予先生家略坐。至查阜西家。查为古琴专家,亦有笛及曲谱,乃与重华、许先生、阜西各唱曲数支。夜间仍寒,围炉谈,自宗教、科学至新旧诗、电影、话剧皆谈,互为辩论。最后想到联合各大学教授成立一中国文学会,仿物理学会之类。佩公言人多派别多,不易为云。

2月8日　星期一　上午阴,下午放晴

与一多夫妇及佩弦散步至散村余冠英家。又到黑龙潭散步。夕阳照潭,竹树荫蔽,境甚清幽。庙中山茶尚盛。一株梅花姿态

甚好，正盛开。

2月9日　星期二　阴，寒甚

在楼上关窗开电灯以阅书。补作数日日记。

1948年

11月

我于1946年10月22日复返清华园，居北院10号。战前住北院9号，复员后，刘寿民（崇鋐，西洋史教授）与我商对调住宅，因改住10号。1937年7月，卢沟桥事变，暑假中我和企罗离平，九号所存书物，后来得我友汪健君代为整理，寄存在略带戚谊的奉贤人吴信三老伯家中。1936年返北平后，取回书物，几乎全部保存无恙。以前认为平常的东西，经过战乱，我们的生活水准下降了，一切都觉得很讲究。企罗所最高兴的，是她的生活照片以及她家人亲友的照片，她的几本日记，都还保存着。我所高兴的，是书籍均保存，衣服也不少。也有些断续的日记，即如此时所用的洋簿也很讲究。

复员两年多，我仍在中国文学系任教。自1926年秋来北平，至此在清华已22年。初来清华，系吴雨僧师引荐入清华学校研究院国学门任助教，帮助陈寅恪教授。时陈先生研究东方学，授佛经考订方面功课。我曾帮助他编了一本梵文文法。又习满洲文，为清华购买满文书籍。公余我补习法、德文，旁听功课。在研究院做事两年，得益不少，国学书籍也是在那时研读的。1928年夏，国民革命军北伐成功后，清华改属教育部，改为国立大学。研究院国学门取消，并入中国文学系，我担任大一国文，名义是教员。在研究院，师长有雨僧师、寅恪先生、王静安先生，良友有赵斐云、王以中，二君皆南高东大同学、研究院同事。另有南高东大同学任清华理学院教员、助教数人，如施汝为、胡旭之、刘重熙等，常相过从。改入中文系后，与朱佩弦先生最熟。大一国文课卷极多。而吴雨僧师办《大公报·文学》副刊，约斐云（时在北平图书馆任职）、张荫麟及我数人为助。我常为《文副》作稿，书评与书报介绍为多，也写些评述外国文学家文字，多用文言，从雨僧师之命也。佩弦劝我多写白话文。公余旁听钱稻孙先生日文课。1929年春因中文系朱逖先（希祖）教授离职，所任中国文学史一课，佩弦先生商我接授。1930年秋升任专任讲师职，直至1937年秋。师友除前述吴、陈、赵、王诸人外，有朱佩弦、叶公超、叶石荪（麟）、俞平伯、王了一等在清华，城中及燕大有钱宾四、郭绍虞、贺昌群、向觉明等。

1933年夏，以服务满7年，提出休假出国研究，赴欧留学，由清华资助半公费。秋间由沪搭意大利"维尔代伯爵"号（Conte

Verde）船赴欧，与冯芝生（友兰）先生、浦逖生（薛凤）先生、蔡旭岚（可选）先生等同行。与冯芝生同游意大利，历罗马、那不勒斯、佛罗伦萨、威尼斯、米兰等地至巴黎，转伦敦。在伦敦留半年余，1934年夏间，同逖生先生同返国。复至北平，任教中文系。

返国时在松江住了一个暑假。母亲以我的婚事为急，其时我在与许多女性交友中也感到不少烦恼。此时由沈联璧（松中前后同学）介绍认识张企罗女士。到北方后，佩弦替我决策，开始与企罗通信。1935年暑假返松江，与企罗订婚。1936年春，值春假，又请假两星期返松，于4月26日与企罗结婚于新松江社。婚后同返北平，住清华园北院9号。

1937年7月7日，中日战事起，形势紧张，我们本不想动，后来形势稍缓和，而企罗将生产，其家中来信促返，乃于7月底离平。至松江，住秀南桥东张宅。8月13日，上海战事起，松江遭轰炸，避居石家浜。生樊女（汉明，9月3日生）。母亲及澜弟亦同在石家浜避难，他们先离乡村，复返松江城居。后轰炸频数，母、弟到嘉善。我们延至樊女满月后，始离石家浜，亦赴嘉善，转到杭州。企罗同樊女转赴萧山，依其父。我一人由杭徽公路到芜湖，搭轮船至汉口，遇澄弟（时在粤汉路局），即至长沙。时清华与北大、南开合并，成立长沙临时大学，而文学院则设在南岳。抗战初起，物价仍廉，我等游山读书，生活尚好。师友有雨僧师、钱宾四、朱佩弦、闻一多、容肇祖、杨业治、柳无忌、叶公超、罗皑岚等，常同游谈。

1938年春，由南岳启程，经衡阳、桂林、柳州、龙州、镇南关、安南入滇，至昆明（涛弟同行入滇）。长沙临时大学迁昆明，改称西南联合大学。文学院设在蒙自。我与吴雨僧师、汤锡予师、贺自昭（麟）、俄人葛邦福等同居一所小洋房，村野风景甚美。企罗随其父自浙返苏居上海，想来滇而未果。1938年秋，西南联大文学院亦迁昆明。母亲、澜弟均由浙转湘来滇，居昆明大西门内。昆明首次遭轰炸，与吕叔湘等约同迁居晋宁。

1940年夏，服务满6年，提出休假（1938年秋季起擢升为教授），送母亲返上海，由安南行经香港返沪。企罗已返松江，乃出来同居上海法界雷米路文安坊。1941年夏，休假满期，而入滇海道已断，安南已被日军占领，遂请假一年，任暨南大学兼任教授。12月8日珍珠港事变起，日人占上海租界（1941年8月14日，生昂男〔汉昕〕于上海）。企罗因有小孩，沪居太局促，又乏人手，乃往返松沪间。

1942年5月，涛弟与朱素一结婚，奉母留居上海。即于是月，我自沪启程，由常州宜兴穿过封锁线，至屯溪。值浙赣战事，困于屯溪数月。暑后入闽、转赣、湘、粤、桂、黔入滇。1942年冬到昆明，参加清华文科研究所工作，往返昆明与龙泉镇之间。

1945年抗战胜利，1946年夏复员。闻一多于1946年7月，被刺于昆明，为我清华中国文学系一大损失。复员北平后两年，朱佩弦于1948年8月12日以胃溃疡开刀，病殁于北大医院。清华中国文学系再遭受一大打击。佩弦已于今年暑假前，因服务满7年，提出休假，仍居园内，从事研究编辑工作。托我代理清华中文系主任事务一年。不幸病殁，清华大学中国文学系现由我代理主任，教授有陈寅恪（兼任历史系教授）、许骏斋（维遹）、陈梦家、余绍生（冠英）、李广田，连我共五位半，名额不足，人才寥落，大非昔比矣。讲师有王昭琛（瑶）一位。兼任讲师有张清常（南开）、高名凯（燕大）、吴晓铃（中法汉学研究所）三位。本来已与冯芝生院长商量如何发展中文系，添聘教授，因北地风云骤紧而搁置。所拟有孙蜀丞（人和）、朱东润、吕叔湘、钱默存（锺书）、董同龢等，钱、吕虽高明，可来之成分甚少也。《朱佩弦全集》稿件在整理抄写中，顷王昭琛交来朱夫人托选录之佩公日记本一册，是在我出国一年中的一本，但也有些是在我行前的几天，记载着我们谈话琐屑，读了以后，颇感兴味。适在此变乱期间，找出了一本未用完的日记簿，又有继续写日记的企图了。提起笔来，匆匆叙述往事，作为接榫。

12月12日　星期日　晴

晨9时，访问寅恪先生。上回我为了系中同人提出添聘孙蜀丞事，特地去看他，征询他的意见。陈先生说，此刻时局很危，不宜在此时提出。他虽然双目失明，如果有机会，他愿意即刻离开。清华要散，当然迁校不可能，也没有人敢公开提出，有些人是要暗中离开的。……关于提出添聘孙蜀丞事，是骏斋和绍生所极力想推进的。冯芝生同意即提，只要系中提出。我和梦家都赞成慎重，不宜在此刻提，使学校觉得突兀，而多添麻烦，对于中文系有讥评。现在陈先生的意见是我们应该尊重的，我把此事告知骏斋和芝老，决定明春提出，系中也可有通盘计划，如何添聘两位或三位，以补教授空额。今天去访陈先生，告以如此决定。并告以据我所闻，陈雪屏来北平，似为抢救若干教授学者，给予便利以南行，唯人数必有限制，极少数。陈先生如有行意，可通知梅公。陈谓他早已知道此消息，并已洽梅公云云。他谢我特为通知的好意，并且劝我也可去梅公处登记。上回他谈，认为清华在南方还是要慢慢设立的。虽然不一定再用清华大学名义。胡适也曾说过，他不想在南方再设北京大学。看来政府要北平大学教授离此南下，到南方集合，如以往长沙临时大学、西南联合大学那种形态。这次因为陈先生室中尚有他客，未便畅谈。陈先生认为，清华园附近即有战事发生。陈先生室中有心恒、刘崇乐夫妇等。

下午心恒来谈,他告知我确乎校方对于想走的同人要给予若干便利,可是他并不想走,因为母、弟等关系。我告诉他,我也不想走,我的小家庭都在这里,不愿再有迁动的狼狈情形。我在南方也无可立足,母、弟在沪、松,被解放的日子是同样的近。假如我到台湾或广东,反而与母、弟失去联络。谈话完毕,我们下了一盘棋。我并且没有把眷属或东西送进城去的意思。

我家中很少有请客的事。恰巧预先决定了,今日晚上请几个人来吃便饭。因为杂粮贵,久养的两头鸭决意宰去一头,单留雌的,希望它还生蛋。又企罗前天进城买了一条大鱼。有这两个,再配上些别的菜蔬,一了久已想了的人情。所邀的客有朱自清夫人、许骏斋夫妇(他们新婚后,曾在中秋节请过我们)、沈刚如夫妇(沈先生善中医,我们曾经麻烦过他。沈夫人是樊的小学老师)、李宝淑老师(昂的小学老师)、高贻枌女士(清华图书馆中文编目室组长,企罗的同事),连主人共9人。企罗预先已布置好客厅和餐室。大红圆桌从杂件室里搬了出来,客厅中也收拾得很清洁,并且生了壁炉。今天早上风声已紧,有谣言说南口已失,共产党的军队到了沙河。来清华卖菜的农人如此说,可是大家也将信将疑。下午风声更紧,我们疑心有些客人不能来。然而也一一都到了。企罗指导着刘妈做菜,除了那鱼腌得太咸以外,其余总算是成功的。客人都很愉快，谈得很起劲。大家说这一席也许可以永为纪念，并且希望今夜睡一个好觉，到明天醒来，局面已经完全改变，没有战争，而我们已被解放了。

望着壁炉中木柴的熊熊火光，高小姐说很有诗意。我们很少用这个壁炉，不免很贪恋着。朱太太和沈刚如谈中药。沈说医胃溃疡，云南白药有效（曲焕章八宝丹，写明专治胃溃疡的）。医脊骨痛，鹿角霜有效，可以试试。今记于此。

客散后即睡。夜里听平绥路过车辆极多，听其声音是自北往南的。那么是国民党军队南撤。

12月13日　星期一　晴，暖

上午10时上中国文学史班。同学都未缺席。继续讲《楚辞》里《天问》《九章》的内容。显然同学们不很安心。有人问，听说学校要迁城内和北大合并上课，是否确实？我说，没有这种决定，一迁就不能上课。而且怕也已太迟了，交通工具没有办法。再则城内也未必比清华安心，还是师生团结以应变为好。……有一位女同学情感不能抑制，在拭着眼泪。

下课后见王昭琛，我告以朱先生稿件立刻要集中，所抄副本今明两日抢发到上海去。他说他即刻要进城，原稿已交朱太太，副本在他的研究室中。我回到图书馆办公室，叫陆永俊索回许骏斋、余绍生所借闻一多遗稿数本,集中办公室书柜内,加封条。另由邮局寄发《朱自清全集拟目》油印一份至上海开明书店叶圣陶。邮局照常收件,但朱稿太多,且有未曾校好者,不及寄发,只得留着了。

下午炮声很紧,且闻机枪声。知清河撤守,火线离清华园不远。昭琛等也不及入城。火线在清华园北边,牛奶场已落有枪弹,牛奶场北农舍有焚毁者。同学立在宿舍门外,也有居高远望的,十分紧张。我们便携带铺盖进图书馆,图书馆建筑坚固,下层可避。我们一家四口及刘妈,朱太太及小孩,黄子卿太太及小孩,三家人合共大小十口,占定了中文系办公室,打开铺盖来坐躺在地上。北院同人多数到了图书馆楼下,中文系同人也陆续来了。同学们也来了不少,过道里面摊满被褥。消息传来,知道有中央炮兵团进校,在气象台摆了三尊炮。体育馆西一带戒严。

电灯没有。入夜,点起煤油灯。人兴奋得不能入睡。办公室也常有人进来谈话。陈梦家来,说胜因院、新林院同人镇静如常,很少迁动,园内静悄悄的,月色如画云云。旧历是十一月十三日。梦家态度很安闲,说得很有诗意。冯芝生太太来和朱太太谈话,冯家恰巧在今夜请客,不知道忽然紧张如此。然而客人倒也到齐了。

这是清华园最紧张的一夜。夜里隆隆炮声不绝,最响的几炮即是在气象台所安放的几尊所发的。我们猜想发炮并不是进击，而是掩护撤退。

图书馆出进用文法院办公室那边的铜门，彻夜有人看守。……校中布告，师生眷属同学工友，各各规定避难地所，除图书馆楼下外，尚有科学馆、土木馆、机械馆、生物馆等。生物馆因近气象台，没有人去了。

12月14日　星期二　晴

昨夜在水门汀地上和衣睡了一夜。铺得还厚，所以也不觉着冷。企罗觉得不很舒服。小孩们却非常高兴，因为有小同伴。刘妈吓得不愿走动。昨天晚上的晚饭是我和企罗回家做的。在炮声机枪声很紧时，在空场上捉一头鸡费了不少时间。今天早上平静，我们一齐回家，吃早饭。牛奶场牛奶倒没有停送。赵先生并未离开牛奶场，他是一位很负责任的职员。我们赶写两封信。我发一封给澜弟，告以白修雯南行托带美金40元到沪，此款不需汇来了，以备老家及他们共度时艰之用。又附致浦逊生一信，如逊生尚在台湾，可以寄去。我不主张澜弟到台湾去，至少澄、澜两弟中要有一人留在上海，以照顾住在松江的母亲。企罗写信给她的父亲。邮局中无邮票，遂用欠资平邮寄出。

据说昨晚共产党部队由沙河、清河冲来，因国民党军队炮火猛烈而退却。转向西边，向台湾新练的国民党军队进击，所以清华园附近又平静了。下午，有消息云校方预备一辆卡车，同人女眷想进城的可以搭车，限于女眷。4点前，内校门外挤着许多人，慌乱得很。

梅校长在城内，今天上午11时许小汽车返校，带来款项，下午3时发薪。这次我的薪水近金圆券千元，企罗的300余。我们拿到薪水后，不知如何使用。徘徊校门口，在钰成号收回一听寄售而没有卖掉的咖啡。买了些纸烟和火柴。4时许校门口来了一辆卡车，等待着的人正想挤上去，随后又来了一辆卡车，上面坐着许多同学，他们是进城去运粮食的。他们在车上挥手道："不用进城了，不用进城了。"从西直门回来，一路上看见许多国民党军队都向城内撤退，西郊不会有战事。我们的区域已成为真空地带，海甸[1]的警察局也撤去了。

我不知道有人坐车进城没有，回北院，报告这个消息。大家认为业已解放，反而安心。这一天晚上留樊、昂等仍住图书馆楼下，我们及刘妈住在北院家中。晚上没有电灯，早睡。听见炮声，在南方。气象台的大炮已经撤掉了，据说是梅校长在城里交涉的，先是撤在圆明园内，后来撤往城内了。又悉，昨天晚上那

---

[1]即今北京市海淀区。

三尊炮并未开炮，附近三十六所仍有职员住着未迁。读《大江流日夜》，北平学生至解放区石家庄华北大学读书的记录。所记生活情形甚详。

12月15日　星期三　晴

学校巡防委员会设办事处在丙所。原为陈福田教授宅，陈教授于上星期离校，他是檀香山籍贯，夫妇均离。丙所前有黑板报，把广播的消息公布其上。所知者，清华园西直门间农事试验场有国民党军队，接触在飞机场公路及海甸公路的岔道上。平津路丰台有战事。石景山（冀北发电厂）仍在国民党军队手中。傅作义决定守城，俟机出击共产党军队。西郊仍有发生战事的可能。校中同人不可轻易出校。出校者须领证条。

北平城是被包围了。平绥、平古、平保、平淬诸线同被切断。国民党军队撤在城里的军队有6万至10万人。西苑及飞机场均失。飞机场已炸毁。玉泉山、颐和园均驻有共产党军队，同学有骑车到玉泉山的，同他们谈话，回来写了一篇《玉泉山记行》，张贴在学生大食堂前。共产党军队说，他们早知道清华大学，知道清华学生的反饥饿、反内战运动，他们在这一区域作战，受上面的命令，特别爱护学校及外侨。

我们到工警合作社想购买一点东西，已经没有什么可买的，买了些文具，半磅糖。

妇女会决议，晚间由各家轮流慰劳巡守的同学。今天晚上轮到我家。我们煮好稀饭，蒸好馒首，在12时半招待同学一顿夜宵。樊、昂等今夜起也迁回家中了。是夜旧历十五日，月明如昼。

12月16日　星期四　晴

城内外交通断绝。邮信电话都不通。据悉，胡适夫妇已飞京[1]。寅恪先生亦已成行，唯其眷属仍留平。梅公似尚未成行，黑板报云政府要梅公飞京。……师生一致团结，对维护学校是同心的。北平郊外军事据点西苑、南苑均失。在城中东单跑马场改造做飞机场。据说13日有中央航机数架飞到北平，不能降落又飞回。

共产党军队既把平津路也切断，国民党军队已无退路，困守北平城。据共产党军队方面消息，他们攻锦州，几小时就解决了，然而北平是文化城，不想破坏，所以感到棘手。而他们的大兵也还没有到，这次南口没有大激战，忽然一冲便冲到北平，不但是国民党军队方面出乎意料，他们也料不到如此的。

---

[1]"京"指南京。

园内已充满了愉快的情绪。某太太说清华园真是天堂，这样一个大转变，一点也没有事情。园外农民有些女眷小孩们也避居在园内，今天他们都回去了。海甸成府交通如常，国民党军队撤，共产党军队来，都无扰乱。商店渐开门，东西很贵。共产党军队所用长城银行的纸币出现了。

美籍教授温德（Winter）出去到颐和园、玉泉山一带与共产党军队谈话，据说是慰劳他们的。本来八路军人不想进入学校，学生拉了两个进来。一位是团指导员，在体育馆前，为同学演讲，据说口才极好。我在学生宿舍大食堂前看黑板报，遇到那两位八路军人（人民解放军人），挤满着许多观众，可是讲演已经完了。

昨晚上早睡，有人来通知，北院墙外平绥线上一顶桥将要炸断，不必惊慌。通知的人还没有说完话，轰然巨响，震动门窗。那是共产党军队阻断国民党军队出击的。

12月18日　星期六　阴，寒

企罗到图书馆中文编目室去，照常工作。学校教务处来通知，云星期一起照常上课。小孩们去荷花池溜冰。

隐隐炮声，不知是共产党军队在哪里攻城所放，抑或是城中抵御所发。攻防地点是西直门、德胜门、阜成门、广安门几处，北平西北方几个城门。消息沉闷，听说城中粮价，面粉到3000

元一袋。在城外毕竟好些，想象城里人更其不得了了。

学生宿舍前有零卖人来，花生米一斤16元，纸烟一包15元。

12月19日　星期日　晴

下午4时，中央飞机一架来清华园上空投弹，工字厅前下一枚，丙所后马路边下一枚，西院转角泉水处放下一枚，普吉院、胜因院间下一枚。又燕大蔚秀园亦下一枚。投弹之意不悉，恐是共产党方面宣传清华、燕大被解放，平安无事，照常上课，触怒国民党政府所致。数弹幸均落空地，未伤人。平静愉快的清华园，于是又起一阵骚扰，罩满了忧愁和恐惧的气氛，看来明天照常上课是做不到了。要是作为目标，每天有飞机来轰炸，其情形也不堪设想。

同学马君俊来谈，学生们存储有一月之粮，一月后即有恐慌。

今天早上，到合作社买肉，肉价26元一斤。这几天，我们的饭菜，仍同平时一样，小孩也愉快，不像灾难时期。

飞机投弹时，我在房里躺在床上看书，闻声而起。企罗在缝纫机旁缝纫。樊、昂去荷花池溜冰，我们很着急，又不能走去照顾。可是不久他们笑着回来了，说飞机投弹时有大学生们招呼，他们赶快上岸，躲在工字厅某老师室外过道上。看见烟起云云。

其实是工字厅前一弹落土山上，泥土飞起。

事后我出去看看，工字厅前土山上落一弹，陷径两丈的一坑，倒去杨树三棵。西院转角落一弹，陷径两丈的一个坑，水已充满，成一潭。闻李继侗先生刚在西院落弹处附近走动，最险。曹本熹、郑桐荪住宅后面，玻璃窗全碎。

12月20日　星期一　暖

果然不出所料。今天不能上课，校中另出布告。图书馆也不办公，企罗同赵太太（赵海泉太太）出至成府买菜。闻昨日海甸也落弹数枚，伤人否不知。

何善周、冯钟芸来慰问并闲谈。

巡防委员会发出许多防空须知的油印品。北院同人轮流值班为防空纠察员。幼稚园的场上，挂着空袭时敲击的响铁。

下午4时半，在科学馆开教授会议，通过了清华大学教授为校园遭轰炸的抗议，中英文两份，托燕大外籍教授私人播音电台播向城中美国新闻处代发。抗议文有"以本校为目标"句，经讨论很久改为"有国机在本校上空盘旋，往复投弹9枚，6枚落校内，3枚落校园边缘"云云。又原文"本拟于20日复课"，有人认为不必把复课事放在内，但结果仍照原文通过。6枚之弹，据巡防委员会报告，西院内外2枚，丙所前后2枚，普吉院附近2

枚。（工字厅前一弹，即丙所前。）北平电台广播，"昨日下午强大空军出动，轰炸平西共产党军队炮兵阵地，收效甚宏"云云。

此抗议出去后，轰炸是否停止，或者更遭炸皆未可知。

又悉，校中存粮可支持校中人至2月15日。

12月21日　星期二　晴，寒

林庚教授来谈，述燕大近况，并慰问清华朋友。燕大昨日下午正在请共产党军队十三师团政治部主任刘道生讲演。谓共产党打算组织人民共和国，并非苏维埃制度。说话也毫不像一般人所想象共产党员口吻。共产党方面政策已改变，适合国情，所要打倒者唯蒋政权及四大豪门。保护文化机关，公教人员，工农商各界。

黑板报上消息，共产党军队在江北占宝应、高邮，离扬州不远。又占天长，离六合、南京不远。（陕北及邯郸广播）

途中遇王忠，云龙云在云南宣布独立。似为谣言。又谣言镇江已失，京沪路被切断云云。此显为谣言。共产党方面亦未广播及此。

中午，本校上空又有飞机过，空袭钟鸣，群避图书馆楼下。半小时后解警。

黑板报：天津被围，杨柳青、杨村、军粮城、大沽均失。

有职员一位老太太，自城中由齐化门出来，到清华园内，据云东城尚安，粮价亦不如校中所传之高。

12月22日　星期三　晴，寒

旧历十一月二十二日冬至。

晚7时，中文系学生邀集师生座谈会，在胜因院13号许骏斋宅举行。是夕，始有电灯，系共产党军队设法恢复者。本系师生全体出席，济济一堂。同学们很乐观，讨论如何走向光明的道路，检讨自己的生活，讨论大学教育的方针，中文系课程的改善。问题都很大，发言的人也很多。10时半始散。

青年人同中年人的态度总不很相同。他们富于理想，思想前进。中年人往往注意于现实问题，意志消沉，又富于理智，抱怀疑稳健的态度。现在我们的大学可以说还在战区三不管的地带。我们的薪水拿到12月份，而金圆券已经不能买蔬菜，偶可买到，非常贵，肉60元一斤，鸡蛋十数元一枚，菜三四元一斤，冻豆腐三四元一块。所以不到几天我们的金圆券也已完了。现在只有面粉，要以面粉换蔬菜，度日如年。不知共产党军队何时把北平攻下，共同解放以后，方始得到安定。又不知国民党军队会不会冲出来，西郊成为拉锯战的战区。又不知人民政府何时来接收清华，使我们能够拿到薪水。这些问题盘旋在我们的脑子里，所以不很起劲。同学们说，他们前天晚上已经座谈一次，非常高兴，今天有几位老师在座，就拘束了、泄气了，不能畅所欲言。我们觉得甚为抱歉。

关于中文系课程的改订，或者是中外文系合并为文学系的方案，有闻一多、朱自清等提出过。我也有一篇文章，发表在《周论》上（雷海宗先生所编，正是学生们所认为反动的，所以他们不会看到），建议文学院应设立一个近代文学系，合乎潮流，也切于实用。原有中外文系，不必取消合并，可以改进，互相关联。方案很好，盼望将来能实现，可以满足若干爱好文学研究文学的青年的热望。照目下情形，中文系同学认为中国文学系课程中国学太多，文学太少。就是说近于国学系，而非文学系，他们不喜欢训诂、考据，而他们所谓文学的观念乃是"五四"以后新文学的观念，对于古文学也很隔膜。为爱好文艺而进中国文学系，及至弄到触处是训诂、考据，不免有"误入"的感觉，简直可以说是受骗。其中症结是如此。《国文月刊》有吕叔湘、徐中玉等文章，《文学杂志》有杨振声氏文章，观点差不多相同，要求中外文系合并。

12月23日　星期四　晴，寒

不出门，读亨利·斯蒂尔·康马杰（Henry Steele Commager）

所编袖珍本《第二次世界大战史》，看了德苏战争及美日战争两段。是日，胃痛甚剧。

12月24日　星期五　晴，寒

上午10时开教授会。通过议案二：第一，挽留梅校长，请继续为本校服务；第二，建议学校联合讲教助会、学生会、职员会、工警等组织本校同人应变生活维持委员会，由教授会推代表两人。复课事因时间不充分未及讨论。巡防委员会仍旧，不撤销。

晚间至冯芝生宅，参加起草挽留梅校长函，觉措辞颇困难。梅先生于13日因公进城，14日午时返校，下午又进城，以后交通阻断留居城中，迄未出城。无线电消息，孙科新阁名单中，梅氏长教育部。学生会一致挽留，谓南京政府将倒，不应使名流"殉葬"云。教授会亦一致议决挽留。我们起草虽斟酌措辞，然据冯公所得消息，梅先生已于本星期二飞京，挽留已为形式上之事矣。谅梅公亦有难处。唯清华同人仅得12月份薪水，并无遣散费，亦无迁移费。闻城中北大尚上课，而北大同人得透支三个月薪水以应变，又年内所应发之一部分实物分配，布、糖等，城中公教人员已领到。清华因交通断绝，独为向隅。梅公一走，主持无人，更落空矣。至于北平西郊，国民党军队已撤守，解放军已来控制，而"人民政府"的政工人员未到，清华大学并未正式接收，校政现由校务会议维持。生活问题不久即感困难。如果北平围上两三个月，大乱必起，情形不堪设想也。

此数日战事重心在天津，北平方面沉寂。共产党军队既未攻城，城中国民党军队亦未出击。僵持息战之状态。局面不稳定。

从冯宅出来，见沈弗斋携有东北野战军总司令林彪之安民公文（解放城市之办法），系张贴本校西大门外应用者。（保护人民生命财产。保护学校寺院古迹等。）沈谓接收之期亦不远。

12月25日　星期六　晴，寒

晨起见雪。今日圣诞节。园内雪景甚佳，早点后，同企罗出散步，看各处新闻消息布告。樊、昂在院前弄雪，未同行。企罗往余冠英家，余至新林院访吴达元，同行返校内。

晚间，有东北解放电影公映，企罗同小孩往看，余以胃疾怕受寒，未同去看。

12月26日　星期日　晴，寒

积雪未全融去。余45岁初度。（生于1904年12月26日，旧历光绪三十年十一月二十日。）企罗命煮面，并自做炸酱，邀赵海泉一家人来吃面，赵太太曾帮忙我们买肉买菜的。菜用金圆券所买，肉用面粉换来，二斤面粉换一斤肉。

吃面后，与赵海泉下棋。汪健君夫妇来，述海甸情形尚好，唯东西也没得买。

12月27日 星期一 晴，暖

上午出门，看黑板报消息。梅先生已飞京，与胡适等在京成立平津各院校迁移委员会。名称似如此，可笑可鄙。学校既不能迁，同人学生几全体在此，只有几位校长先生及极少数教授得到便利飞出去，还筹备什么南迁？是召集流亡教授，给予优待，我们留在这里的，便视同匪类了！读工字厅前教联会报，对于南京成立平津院校南迁委员会，大致讥评，并对于留在校内的态度不明的摇动分子加以警惕。又对于教授会所主张成立之同人应变生活维持会亦有微词，谓办法不彻底。又读学生饭厅前有"某老教授谈清华"，谓清华有三种坏势力，现在是一个改革的机会。第一，校务会议把持校政，保守而无能。第二，党团势力。第三，留美人士但知细节，不识大体。这三种批评是得当的。其中唯党团势力一层，或者夸张太过，清华比南京上海的大学好得多，而且比北大也好些。平心而论，党团势力并不在清华肆无忌惮地发展，民主教授的言论，影响于学生大于党团势力。

下午3时，出席教授会。钱伟长、费孝通等提出组织校制商讨委员会，由教授会发起联合教联会、研究生会、学生会、职工会代表组织之。其任务在征询各方对于学校行政的制度以及教务课程的改进，收集商讨材料及具体改革方案。当场推出教授会代表每院一个，李广田、钱三强（周培源暂代）、费孝通、钱伟长、刘崇乐5人。又教联会来信，催促早日复课，当场议决，后天起复课。

12月28日　星期二　晴，暖

上午同企罗至海甸看看。通过燕京大学，便道至燕南园访林庚，有客在座，略谈。至海甸，店门多闭，略有市面。肉价60余（元），纸烟40元20支。我们想买些赤豆、青豆、黄豆，跑了好几家，结果买到些黄豆（18元一斤）、黑豆（亦可做豆沙者，20元一斤）。花生米价要五六十元一斤，我们舍不得买。

12月29日　星期三　晴，暖

上午10时上文学史课，结束楚辞部分，学生除在城中不能返校者外，均到，还算好学。教室移在生物馆，为预防空袭也。下午，高名凯来，陪他到工程馆上课，我自己也有课，移在机械馆。两处教室皆空，学生对于上课已十分懈怠，复课也不过是名义而已。

下午4时，出席教务会议，议决上课仍照校历至1月8日止，大考取消，即放假。成绩移至下学期开始时计算，再补考云。北院9号刘崇铉教授偕其子冒险骑自行车进城。刘君有南行意。

12月30日　星期四　晴，寒

　　昨日为梅校长60诞辰，原定进献油画像一帧，并有祝寿词（冯公所作）并油画像题词（张子高先生所撰），装成册子，同人皆签名于后。梅先生已行，颇可惋惜。册子仍传观，余亦补签名于后。

12月31日　星期五　晴，暖

　　晚间，中文系师生联合同乐会，在余冠英家，度岁。有各项游艺，团体游艺及个人表演，很热闹。企罗及樊、昂亦参加，10时半始散。回家，企罗写家信一封，我作书与澜弟，预备明天托一洋人带进城代发。

附录 西南联大始末记

回忆与感想·西行日记

在抗战的烽火中诞生

1931年9月18日,日本军阀在沈阳发动攻击,不久即成立伪"满洲国",继之以"冀东"事件,平津便成了中日冲突的中心。至1937年7月7日晚,日军又在卢沟桥制造事端,中国的全面抗战,于焉开始。12天后,战事在北平零星进行。两个礼拜内,宋哲元军队撤出北平,日军未经抵抗,进入了这座古城。7月28、29日,日军攻击天津,炮轰八里台,并以飞机轮番轰炸,南开校舍全毁。京华两个著名大学——北京大学、清华大学和天津的南开大学,自然无法再留在平津。9月间经三校当局的筹划磋商,决定在长沙组织临时大学,便是联大的前身。

"临时大学"奉令由三校当局积极筹备,并函商中英庚款董事会筹借100万元(见1937年8月30日高壹字第16254号函)分与西南、西北两临时大学做开办费。中英庚款董事会因一时无法筹足,允各先拨25万元,临时大学(西南)乃得展开设校工作。当时计划亦甚简要:

（一）校址。大学本部租定长沙圣经学校，可容学生1000人。办公处设于圣经学校宿舍。男生宿舍则借用四十九标，可容1000人左右。女生宿舍租用圣经学校附近之涵德女校，可容100~200人。工学院借湖南大学工学院上课。

（二）设备。设备即利用各校迁湘之原有设备，工学院利用湖南大学工学院之机器设备。图书与北平图书馆合作，双方各出5万元，为购置图书之用。防空设备拟利用四十九标之土冈，掘防空壕30个，每壕容30人，共可容1000人左右。

（三）经费。

（甲）开办费预算如下：

图书费5万元。理工基本设备费15万元。其他设备费5万元。

（乙）经常费预算原则如下：

薪津60%，房租5%，办公费10%，设备13%~18%，预备12%~17%。

（四）组织。

（甲）行政组织：本大学筹备委员会设有主席一人，由教育部长兼任之；委员7~11人，由教育部聘任之；常务委员3~5人，由教育部就筹备委员中指定之。常务委员组织常务委员会，商决一切行政方针。筹委会设秘书、总务、教务三处，各置主任一人，由教育部就常务委员中指定兼任之，并由主席指定常委一人主持各种事项之执行。

（乙）院系设置：本大学设下列各院系。

（1）文学院：中国文学系、外国语文学系、历史社会学系、哲学心理学系。

（2）理学院：物理学系、化学系、地质地理学系、生物学系、数学系。

（3）工学院：土木工程学系、机械工程学系、电机工程学系、化学工程学系。

（4）法商学院：法律学系、政治学系、经济学系、商学系。

（五）开学。

报到：10月18日起至10月24日止。

开学：10月25日

注册选课：10月25日至10月27日止。

上课：11月1日

临时大学大体上照上列计划在进行，唯因长沙城内房子不够，遂将文学院设在南岳的圣经学院；工学院土木系设在长沙城内；电机系和机械系因无设备，送到岳麓山湖南大学工学院；机械系航空工程研究班，在南昌航空学校寄读；化学系在重庆大学寄读。原来三大学南来同学1459人（包括清华638人，北大342人，南开147人，新生114人，借读218人）于1937年正式上课（此日即为后来西南联合大学之校庆日）。三大学教授亦陆续南来。根据柳无忌教授的记忆，当时文学院教授有朱自清、闻一多、陈梦家、叶公超、罗皑岚，金岳霖（龙荪）、冯友兰、吴俊升（士选）、罗廷光、周先庚及英人燕卜荪诸先生，后来有陈雪屏、刘崇铉（寿民）、容肇祖诸先生陆续到校（见柳著《古稀话旧集》），自然还有柳无忌先生。至20日计清华73人、北大55人、南开20人，共148人。此时前线军情紧张，后方日夜空袭，临大师生坚苦卓绝，固守岗位，仍然弦歌不辍。但随着上海和南京的沦陷，临时大学在长沙仅一学期，遂于1938年2月决定迁往昆明。

从长沙到昆明，分两批进行。一批244人，组成湘黔滇旅行团，由黄子坚教授任团长，教授有闻一多、许骏斋、李嘉言、袁复礼（希渊）、王钟山、曾昭抡、毛应斗、郭海峰、吴征镒诸先生；同学则分成二大队、三中队，当时湖南省主席张治中特派费时岳领队。队伍于2月19日出发，步行从长沙经湘西穿越贵州，翻山越岭，夜宿晓行，全程1663公里（号称3500余里），耗时2个月8天，于4月26日到达昆明。赵元任教授夫人杨步伟女士、蒋梦麟校长夫人陶曾谷女士、黄子坚院长夫人和他们的女儿还向第一批到达的师生献花，并给大家做了一顿饺子吃。全体抵昆明后，黄子坚团长宴请全体师生于海棠春饭馆。这乃是我国教育界在抗战期间之一项壮举,钱能钦同学有《西南三千五百里》纪其事(商务版)。另一批约800余人,由长沙乘粤汉、广九铁路到香港,再乘船到海防,由海防乘滇越铁路到昆明,全程约10天。还有350余位学生留在长沙。

1938年4月,临时大学奉令改称为国立西南联合大学,简称西南联大。也是因为昆明房子不够,文、法商学院暂设蒙自,假歌胪士洋行上课。时,云南省的治安不大好,有女同学曾于晚间在小巷遇土匪,因而晚间下课,女同学均有人持红缨枪护送。一学期后,由于敌机轰炸后方各大城市,昆明各中学疏散,联大乃得商借各中学校舍,法商学院和理学院设在昆华农校和昆华师范,文学院亦自蒙自迁回昆明。半年内,在大西门外建筑了文、法商和理学院的简陋茅屋教室和学生寝室,这便是联大的"新校舍"。工学院设在昆明拓东路三会馆——全蜀会馆、迤西会馆和江四会馆,其后全蜀会馆重办小学,男生宿舍又迁到由盐仓改建的民房里。1938年12月,又增设师范学院。至此联大规模已具,教学乃顺利进行。

历史社会系于1940年6月10日,分为历史与社会两系。并和北平图书馆合作,设立"中日史料征集委员会",广事搜集抗战史料。次年,社会系划归法商学院。

西南联大校务,由北京大学蒋梦麟(孟邻)校长、清华大学梅贻琦（月涵）校长、南开大学张伯苓校长三位常务委员负责主持，梅任常委会主席。张长年在重庆，蒋亦不常在昆明，因而学校大部分行政责任都落在梅的身上。梅先生以艰苦卓绝的精神，从无疾言厉色，亦不慷慨激昂，默默地领导着大学的工作。1945年，蒋梦麟出任行政院秘书长，由傅斯年（孟真）继任，傅又荐胡适以自代。1939年教务长是樊际昌（逯羽）教授，其后潘光旦教授兼任一个时期，杨石先（绍曾）教授继任。最后杨先生辞职，梅贻琦自己兼任，直至联大解散。训导长查良钊（勉仲）。总务长郑天挺（毅生）教授，是明清史专家。西南联大除常务委员会外，另有教授会组织，由全体教授和副教授组成。

1940年，设立分校于四川叙永，地址在文庙、南华宫、春秋祠、帝王宫、城隍庙等处，分校主任为杨振声（今甫）教授，于1941年元月上课，后来当时教育部又决定一年级全设昆明，叙永只设先修班四班，当然大学部同学也全部迁回昆明（其后先修班也迁回昆明），联合大学分未久而又合。有一篇回忆文章写道："三大学在平津时代，各有其学风和传统，它们是不同的。但其相同相和之处，又如此之多！正因为'和而不同'的精神，更育孕出联大的优良校风。'自由教学'是它的显著特点。这里所谓自由，并不是错综复杂和散漫紊乱的代名词，而是一种有组织的、负责的、尊重个性和学术独立的自由。不合理的自由，为联大所不取；合理的不自由，同为联大所尊重。"大学教育必须由学校负责人的精神和人格，教师们做学问的认真态度，培育出一种追求真理、热爱自由、优良传统和合乎理性的气氛，来熏陶学生，联大八年始终在这种优良的气氛里成长与发展。

文学院

西南联大文学院教授,多是好学深思之士。教授来自三校,各具不同学派的观点,历史上百家杂陈的局面,又在联大复现。教授们各就所长与爱好开课,其特点是学术自由空气的浓厚、课程名目繁多,有宁坐三年牢不愿看一句新词的卫道之士,也有决心改革中国文化的进步学者,而且各有自己的体系。

院长冯友兰,是中国哲学史的权威。他一方面讲中国哲学史,一方面讲哲学研究方法。他的哲学史,陈寅恪在审查报告里说:"取材谨严,持论精确。"他分析内圣外王之道,(陆续发表了)《新世论》《新理学》《新世训》等在当时颇有影响的著作。他把人类的行为分为三种:道德的,如爱国助人;不道德的:如出卖国家,陷害他人;非道德的,如一切自然行为。人类的成功,也有三方面:立德——道德的成功,靠努力;立功——事业的成功,靠机运;立言——学问的成功,靠智慧。冯氏讲话有些口吃,一句"学而时习之"的"而"字,要"而"……一分多钟,在同学中传为笑谈。

中国文学系主任,先是朱自清,继为罗常培教授。其后罗常培教授赴美,由罗庸教授继任。罗莘田教授在声韵学方面的成就,是举国公认的。朱自清教授的散文也是有口皆碑,每个中学生几乎都能背诵他的《背影》。他讲授中国文学史概要和文学批评,有他独到的见解。他不但讲书认真,还坚持要学生写读书报告。他不同意只顾教师自己研究学术。他认为:"文化是继续的,总应该给下一代着想,如果都不肯为青年服务,下一代怎么办?"因而认真为学生改笔记,从不缺课。罗庸(膺中)教授温文儒雅,搜集很多资料。他用包剿围攻的方法讲《论语》和《孟子》。他不但深懂文学,对佛学也有很深刻的造诣。如果有机会和罗教授长谈,和听他讲《论语》同样有益。

闻一多教授讲唐诗、讲乐府。他著有《唐诗杂论》《周易义证类纂》《诗经今译》《乐府诗笺》。他用人类学知识讲这些古代民谣。他对金石、诗词都有其独到之处。唐兰教授的中国语文专书研究和文字学,从甲骨到楷书,原原本本道出文字的构造和演变,真不愧为文字学的大师。他授《说文解字》,以菩萨心肠劝同学好好读书。杨振声教授专授传记文学。浦江清教授的诗词,由每一个字讲起。此外教授还有游国恩、王力两位。

当然,还有自称世界上自古至今只有两个半庄子(庄子自己和一个日本教授），而他是其中半个的刘文典（叔雅）教授。刘叔雅教授不但是庄子权威，他的骈体文也不让魏晋人士专美于前。他讲授文选，有时一个字要讲一小时。本来，一个字代表一种宇宙现象，要写好文章，就必须把每一个字认清楚，而且要多识字。副教授有许维遹、陈梦家，教员则有邢庆兰、李广田、李觐高（次峰）、彭丽天、张盛祥、赵西陆、高华年，助教有冯钟云、王志毅、赵仲色、孙昌熙、周定一、陈士林、吴宏聪、姚殿芳等，当然也和其他各系一样，八年期间，时有变动。中文研究所则设在距昆明八公里的龙泉镇司家营，几个研究生在默默地做研究工作。

外国语文学系主任本是叶公超教授，叶教授未久去了伦敦，而由陈福田教授继任。外文系为抗战可以说做过一些工作。尤其自珍珠港事变之后，美国空军到中国作战，需要大量译员。外语系同学有许多参加译员工作，外语系教授则参加训练译员。系主任陈福田教授，身体壮健，一口华侨国语比英语差得多，哈佛大学毕业，热诚爱国，编有《大一英文》，固不仅联大采用为教本，且作为"大学丛书"风行全国。

教授吴宓讲授欧洲文学史、英国文学史、希腊罗马文学选读、欧洲名著选读、中西诗之比较、人文主义、文学与人生等。他手持从法国带回的手杖，是刘叔雅教授的传人。现在红楼梦已成世界学术界研究的对象，吴教授早就成为红学权威，可能"红学"（仅就"红学"二字，现在已成为一种学术）是由他开始。某同学在文林街开了一座小饭馆，名曰"潇湘馆"。雨僧教授一气之下，打毁了他的门窗用具。他认为不应该用林妹妹的公馆作饭馆的名字，小饭馆只好关门。

外语系教授还有莫泮芹、潘家洵（介泉）、冯承植（君培）、袁家骅、闻家驷、吴达元、陈铨（涛海）、杨业治（禹功）、陈定民、赵治熊、傅恩龄（锡永）、林文铮、洪谦、黄炯华（以尚）、李赋宁、薛成之、衣家骥、刘世沐、贾恩培、李华德、徐锡良、陈嘉，还有美籍教授温德（Robert Winter）授"英诗"及"现代诗"，英籍教授白英（Robert Payne）授"现代小说"和"伊丽莎白时代文学"。

人在桥上看月，看风景人在楼上看你
月亮点缀了你的窗子，你点缀了别人的梦

短短几个字，卞之琳教授的新诗，写尽人生哲理。闻一多教授认为卞氏的诗是旷世之作。冯至教授专讲"歌德"，十分关心国事。柳无忌教授任教仅一年后去了重庆。教员有王佐良、王庆祇、杨周翰、区伟昌，助教有王还、周榆瑞、蒋智存、查良铮、颜锡瑕、林同梅、李鲸石、蒋铁云、陈祖文、俞铭传、张振先等。写《未央歌》的鹿桥（吴讷荪），也在联大任助教。杨西昆也曾在联大抱着儿子教大一英文，非常叫座。

哲学心理系系主任汤用彤教授的《魏晋玄学之研究》《魏晋文学与思想之关系》《魏晋时代圣人之观念》，都是一家之言。他在印度佛学方面也有独到的研究，胖胖的身材，走起路来一歪一歪的，为人正直诚恳。金岳霖教授对逻辑和哲学问题，恐怕除了他吃饭睡觉时间以外，时时刻刻萦系于怀。他的知识论和"论道"均已享誉国际。冯文潜（柳漪）教授的美学，绝不让朱光潜专美于前，和蔼庄严，令人景仰。贺麟（自昭）教授是研究黑格尔专家，他讲"正""反""和"辩证法，"和"就是矛盾的统一，他认为以"不变应万变"是典型的矛盾的统一。1941年清华大学用一连串的演讲庆祝30周年，哲学方面贺教授主讲。他说："研究哲学如果不以国家为念，仅为哲学而哲学，将是玩物丧志。"他说美国杜威教授七十寿辰，各方哲学家用骂来祝寿，因而他也用"口不择言"来庆祝清华30年。

冯友兰教授前面已说过，他的中国哲学史不必再提。沈有鼎（以武）教授的形而上学，有时不知在讲什么。教授还有郑昕（秉碧）、王宪钧、周先庚、敦福堂、王淮诚诸先生，副教授胡世华，专任讲师熊十力，教员郑沛畛、曹日昌，还有助教石俊、任继愈、齐良骥等。

历史学系集三校教授于一处，都是一时人选，八音合奏，五色交辉。梅月涵校长在《复员后之清华（上）》(《清华校友通讯》新39期）报告上说："教师皆系当代权威，学子受益匪浅。在校诸教师皆以治学谨严，蜚声士林。"系主任雷海宗（伯伦）教授的"中国文化周期论"，是划时代的创论，他把中国文化分为二周。所以他讲中国通史讲到淝水之战，这是文化第一周。淝水之战以后，便非常简单地叙述了。他认为那是第一周的翻版。他上课不带片纸只字，仅带一支粉笔。讲春秋战国的诸侯，和西洋中古史几十个国君，名字有长达十几个英文字母的，和他们的起讫年代，信手拈来，从不假思索。他有超人的记忆力和异于常人的见解。他最反对女人干政。他说任何一个国家任何一个时代，只要太后当政，朝政必致不可收拾，古今中外从无例外。他把国际关系分为"春秋式"与"战国式"，春秋式讲道义重礼节，"揖让而升，降而饮"。以宋襄公作代表，不鼓不成列。不讲道义专讲袭人不备，白起坑赵卒四十万人，则完全属于战国式。

陈寅恪教授为旷代大师，先就读于美国哈佛大学，又至德国柏林大学和法国巴黎大学研究，终身无任何学位，使他几乎进不了清华国学研究所。他不但能背诵十三经之大部分，对每一字均求其正解，而且精通梵文、巴利文，也曾学过蒙文、藏文、满文、波斯文、西夏文及土耳其文，当然英、法、德、日，再加上拉丁、希腊文全精。陈寅恪真是无所不通。昔仲尼博学无所成名，而陈氏博学的重点则在于史。他的著作大半也属于史的方面，在联大授"魏晋南北朝史"和"梵文"。貂皮帽、衣狐裘、围围巾、手提蓝布小包袱，坐在南区小教室里，有时微笑，有时瞑目，旁征博引，滔滔不绝。同学如坐白鹿洞中，教室虽无绛帐，却也如沐春风。至于陈寅恪的诗，俞大维说："寅恪先生佩服陶、杜，他虽好李白及李义山诗，但不认为是上品。如果寅恪先生重写诗品，太白与义山诗，恐将被列为二等了。他特别喜好平民化的诗，故最推崇白香山。"记得胜利之后，成都某一家报纸，刊登先生一首七律：

渺渺钟声出远方，依依林影万鸦藏。
破碎山河迎胜利，残余岁月送凄凉。
一生负气成今日，四海无人对夕阳。
竹门松菊家何在，且认他乡作故乡。

这真是一首好诗，令人低回哦吟，伤感不已。可惜陈寅恪教授在联大仅一年，即因健康关系而他去。

姚从吾教授毕生致力于宋、辽、金、元史，晚年对元史尤有创论，对邱处机特别推崇，在联大讲授宋史和史学方法。毛准（子水）教授史籍名著《史记》和《史通》，并曾教授科学概论。郑天挺（毅生）教授和孟森（心史）教授衣钵相传，授明清史，再传至何鹏毓（耀南）。向达（觉民）教授也授明清史，但对中西交通史享名当世。皮名举、蔡维藩（文侯）两位教授的西洋通史，每课学生挤满一个大教室。皮名举教授用"组织能力"和"发明天才"来决定一个民族之优劣。刘崇铉教授西洋近世史也是权威之论，待人和蔼可亲，热诚爱国。张荫麟教授不但授历史，而且还讲逻辑，仅"1"的独特与发展，就发展一个学期。外籍教授葛邦福讲授西洋上古史。王信忠（迅中）教授是日本通，授中日外交史。吴晗（辰伯）和丁则良教授授中国通史。邵循正教授年轻叫座，他对蒙古史颇做了些研究。此外有白约翰（佩之），讲师杨志玖，教员何鹏毓、游任达、赵玉良、李忻、宋泽、邵景洛等。皮名举教授说，唯有北大、清华才能养住这一群教授。

理学院

再说联大理学院，更是漪欤乎盛哉。三校教授聚于一堂，虽然在简陋的环境里，又没有理想的设备，但研究工作何曾一日稍辍！甚至有些位教授专事研究而不开课，难怪当时有人曾责怪联大"囤集教授"。"南清北合，联大开花"，一位与三校有渊源的人士，目睹联大盛况，曾为此盛况而如此歌唱，理学院与有荣焉。院长吴有训（正之）调长中大之后，由饶毓泰（树人）教授兼任。数学系主任江泽涵教授对微分几何有特殊研究。做人态度和蔼，治学认真谨严。华罗庚虽然走起路来"八面威风"，但他教授近世代数却是一绝，他的"素数论"曾震惊当世。此外，还有姜立夫、杨武之教授（杨振宁之父）教微积分。姜教授为数学界前辈，江泽涵、申又枨、陈省身诸先生均出其门下。申又枨教授的高等微积分，田方增教授的微分方程，蒋硕民教授的高等代数，刘晋年（伯蕃）教授的积分论，也都非常叫座。还有教授张希陆、程毓淮、许宝騄、赵访熊、陈省身、郑桐荪，副教授赵淞

（雨秋），俱是一时之选。陈省身教授不仅著作等身，而且名噪国际，应用数学课程（如电工数学、高等微分方程）在国内西南联大首先开出。英文最好的钟开来及王湘浩都还是专任讲师。研究助教则有孙树本，教员有闵嗣鹤、陈鸿远、彭慧云三位先生。助教则有王寿仁、栾汝书、龙季和、虞介藩、傅铁健、刘诉年、钱圣发、施悉同、孙本旺、颜道岸、王联芳、冷生明。

物理系教授更是聚全国之精英。系主任饶毓泰兼任理学院长，不仅是学术界权威，也擅长于行政。联大、北大的理学院之所以能对学术有最大贡献，树人先生之功不可没。吴大猷教授的近代物理学、原子与分子光谱学、理论物理、电子力学，在世界上的地位不低于国内。朱物华教授的无线电学，霍秉权（重衡）、郑华炽教授的普通物理学，赵忠尧的力学。叶企孙教授不但讲授普通物理、近代物理，他的电磁学也很叫座。王竹溪教授的热学、统计力学是二次大战时新学问。还有周培源、赵忠尧、张文裕、马仕俊、许祯阳诸教授。这样的教授阵容，虽不敢言绝后，但确属空前。以如此之济济多士，才能孕育出诺贝尔奖奖金得主杨振宁、李政道等学人。讲师有戴文赛，助教有沈寿云、薛琴芬、虞福春、卓励、梅镇岳、张家骅、胡玉和、金光杰、王代璠、黄永泰、郭沂曾诸先生。

化学系主任杨石先教授，曾兼任教务长。其后由黄子卿代理,他讲授理论化学。曾昭抡(叔伟)教授讲授有机化学、无机工业化学,他能文能武,文章下笔千言,有求必应,对军事学也有特别研究,整年一袭蓝布长衫,一双破皮鞋。有一次公开演讲,他推断当时欧洲战场盟军登陆地点和时间,深得某盟军军事专家的推许。后来盟军在欧洲开辟第二战场,登陆的时间与曾教授推断仅差两天,而地点则完全相同。教授孙承锷授普通化学,不重考试,但考试时如被发现作弊,处罚可就严了。张青莲教授用由美国自己带来的材料和仪器做重水研究。朱汝华(实君)、高崇熙、邱宗岳(崇彦)、严仁荫、刘云浦,还有中央研究院钱思亮先生也曾任教一时。张为申(伟森)专任讲师,朱汝瑾教授当时也是助教。化学研究,有待于充实之验器。抗战期间,由三校南运者固不多;而战时交通阻隔,采购不易,是以甚感简陋,影响于研究者固甚大也。

生物系主任李继侗教授的普通生物学最为同学所畏惧,普通植物也很难过关,教学严格闻名全校。陈桢(协三)教授的细胞遗传学,对金鱼突变的研究,早已蜚声国际。据说"维他命"[1]一名词,即陈教授所译。教授张景钺(岘侪)是植物学权威,周先庚、沈嘉瑞、杜增瑞、殷宏章、沈同教授发现橄榄所含维他命

---

[1] 今译"维生素",此处保留原文。

特别多。吴素萱是副教授，罗苇士、萧承宪、牛满江（渊如）是助教。当时助教有15人之多。吴韫珍教授因工作忙碌，生活困难，极近于殉道精神，而殁于昆明。宁不令人敬佩！

地质地理气象系，因西南地质构造复杂，矿产种类繁多，地层完备，地学系得天独厚，利于研究，故对我国西南地质之研究，未曾因交通阻隔、图书仪器缺乏而少有贡献。其教授个人之研究更有足述者：系主任孙云铸（铁仙）系古生物学专家，有很高的国际地位，对地层说也有独到之处。张席禔（惠远）教授对贵州三叠纪之研究蜚声世界。张印堂（荫棠）教授是中国地理学权威，在联大授中国地理总论，于滇西告急之际，不畏危险，深入江心坡一带做实地调查。袁复礼（希渊）教授学问渊博，足迹遍华夏，讲起学来如天马行空，忽焉在前，忽焉在后。他和冯景兰（淮西）教授，先后赴西康做地质矿产之调查。1942年夏，与云南省政府建设厅合作成立云南地质调查所。教授还有王烈（霖之）、王恒升（洁秋），外籍教授米士、苏良赫（赫声）。地理方面有鲍觉民、钟道铭、陶治渊诸先生。气象方面有赵九章、李宪之（达三）、程纯枢、顾均禧、高仕功诸教授。后来各教授均有高就，只有李达三教授固守岗位，一家六口，贫困异常，然怡然自得，教授严格，每劝学生多读书少管闲事。助教多达89人。

法商学院

法商学院院长陈序经教授授文化论，他主张全盘西化，不同意"中学为体西学为用"的主张。他说文化是有机体，不能割裂一部，为此曾和文学院院长冯友兰辩论一阵。结果还是冯先生说，辩论往往是后息者胜而终止。其实我们也觉得全盘西化有问题，仅让你天天吃面包一项，不但小麦不够，而且也受不了。法律系主任燕树棠教授，当年北大四公子之一，到联大时已有老态，甘贫乐道，择善固执，讲授法学概论，以继承儒家道统自居。对"大规模社会秩序之整理"，一整理就半年。一学期下来，尚未提出法律是什么。他责怪世界局势的纷扰，政局的不安，是因为他不再讲授国际法所致。有一次公开讲演，他说："国际公法不教了，国际关系也不谈了，国际上于是乎太乱了。"言下不胜唏嘘。戴修瓒教授的人格，比他的大胡须还美。当年在北京因受理燕树棠先生状告国务总理段祺瑞，和燕树棠教授一起被逐出京师。教授有蔡枢衡（天助），章剑（化侬）、李士彤、张企泰、赵鸣歧、费青、罗文干诸先生。最令人羡慕的是芮沐教授,他因为兼任律师,收入颇丰。助教仅三四人,学生较少,但有成就的却很多。

政治系系主任张奚若(熙若)教授,八字胡须,衣冠楚楚,手不离杖,做人一丝不苟。他教授西洋政治思想史。政治研究室主任钱端升教授,博学深思,授课也材料最多,因而参考书一大堆。期考的时候,要同学把参考书全抱到教室,随意翻阅。但如果平常不熟读,笔下不快,你也休想及格。吴之春教授的现代政治思想史、英国宪法史,也是叫座的课业。此外教授还有崔书琴、赵凤歧(鸣歧)、邵循恪(恭甫)、王赣愚(贡予)诸位先生。助教仅二三人。

经济系和商学系可以并谈。不但同学人数冠全校,全系多达500余人,课程方面,多半属于理论方面,教授也最多。系主任陈总(岱孙)教授,高硕英俊,鼻梁稍歪,经常口衔烟斗,以致口唇下搭,处事明快决断,不苟言笑。经济系同学人数虽多,但毕业时问题最少,同学选课时不容马虎所致。他授经济概论和财政学,上课均在大教室,每课必早到5分钟,立在讲台上,上课铃一响即把当日主题大书于黑板之上,开始讲授。因为听课同学太多,每每有些因上一堂课下课迟或教室远而迟到,则必再约略重复一次,以免迟到同学无法笔记。把他的话按次笔记,便是一本很好的讲义。

赵乃抟（廉澄）教授经济思想史、西洋近代思潮及商业循环，讲到亚当·斯密（Adam Smith），把《原富》(《国富论》)一书如何修正用字，wear and tear（损耗）改为 tear and wear（损耗）都说清楚。以中国之马歇尔（Marshall）自居，同学不称"赵先生"而以"Marshall Chow"称之。他学问渊博，举止安详，每以藏书丰富自傲，喜欢旧诗。他曾讲一个故事：某教授在美读书时，买到一本最近出版的旧书，颇为自得，他用打油诗来嘲笑他的无知，诗曰："翁仲如何作仲翁，皆缘书读欠夫功，马金堂玉应难到，只好苏姑作判通。"盖苏州曾有一通判，看见坟前翁仲说成仲翁也。

萧蘧（叔玉）教授讲经济概论与国际贸易，因为讲解过于详细，每学期很少能讲完。秦瓉（缜略）教授教高级财政学和中国财政史，他不高兴上课时，一学期上不了几小时；如果认真起来，一学年不会少一分钟，而且上课一定先同学而到。他曾反驳胡适先生的"井田制度是孟子面壁造谣"的说法。考试的时候，坐在教室手捧报纸，唯恐前面同学吃亏。但以他讲解之有条理，同学上课的兴趣，再加上最低 89 分，根本没有一个人会去抄袭。杨西梦教授的高、初级统计学，也是一门叫座课业，他常常慨叹我们的数学根基太差，比起德国人差得太远。高级统计学如果数学根基不够，真难懂，几乎认为是在讲玄学。他也授数理经济。

周作仁教授讲授高、初级货币银行，态度之认真，真是罕见，一小时下来，力竭声嘶，满身粉笔灰。据传周教授当年丢弃了天津金城银行经理，而悄悄到北大教书，金城银行曾登报寻人。家住在呈贡，有时背负几斤老米，下火车还要跑十几里路。平日寡言笑，但三杯酒落肚，议论大发，唯对系主任绝不妄加一词，说是为保留风度。他对同学非常客气，但考试之认真，有如他的做人。周炳琳（枚荪）教授讲授高级经济理论，教材用阿·马歇尔（A.Marshall）的《经济学原理》(*Principles Of Economics*)，坐在系办公室逐句讲解，没有考试，每学期交一篇读书报告，最好用英文写，准列甲等。枚荪教授一身正气，赵廉澄教授誉之为"大气磅礴，有所不为，代表北大精神"。戴世光教授也讲初级统计学，并兼主持人口普查研究所。伍启元教授授"国际经济政策"。伍教授读书过多，腹笥渊博，经济政策旁征博引，对罗斯福总统的四大自由，备极推崇。但因广东口音过重，字音难辨，笔记也最难记。往往讲一个问题有三点，却只说了两点，有的同学追问第三点，他说第二点包含两点。他和杨西孟先生，常常对当时经济政策有所建议，往往是"不幸而言中"。

腾茂桐教授伦敦经济学院毕业，以正统派理论授经济概论。丁佶教授系商学系主任，他教会计学最令人难过关，可惜他不善游泳，以致在大普基灭顶，由贺治仁副教授接任。而毕业同学谋事的烦事，便落在经济系主任陈岱孙教授的肩上。徐毓枬教授是英国剑桥大学经济学博士，讲授"高级经济学""经济名著选读"，大半是高年级或研究生所选读。当时把凯恩斯（Keynes）的"充分就业"观念，也带进了联大。此外还有张德昌教授在联大授课未久而离去，姚嘉椿、周覃祓先生是讲师，助教四五人。

社会系是由历史社会系独立而来，系主任陈达（通夫）教授，讲授社会研究法和社会调查，他和陈序经都开过"华侨问题"。吴泽霖教授授社会学原理和人类学，但他的一项主要工作，是办理译员训练班。以优生学著名的潘光旦教授，当年是清华教务长，学生时期，因踢足球而折断一条腿，因而走路有三条腿。他译的蔼理士的《性心理学》，不仅有信达雅之译笔，也用尽了我国二十四史、野史、笔记、专著、诗词、戏曲、稗官小说细加详注，足见先生读书之功力，学问之渊博，中西之通达叹观止矣！潘先生曾读遍二十四史，也许"宗谱"收藏最富，因为他要在家谱里找遗传的证据。他的"优生学"和"西洋社会思想史"，也是叫座课程之一。社会系教授，在战时为国家做了不少对人口政策有影响的研究和调查。费孝通和李景汉、李树青、戴世光诸先生，全是社会系教授，助教则仅有李植人、袁方二人而已。

工学院

战前北大没有工学院，南开仅有化工系，所以工学院保持清华风度最浓厚。工学院设在昆明拓东路三会馆（全蜀会馆、迤西会馆和江西会馆），其后全蜀会馆重办小学，男生宿舍迁到由盐仓改建的民房里。同学们努力读书，认真运动。

工学院院长施嘉炀，是水文学专家，他开的"堡垒工程"、"要塞工程"均与军事有关。他与阎振兴（光复）教授主编之《昆明水工试验研究丛刊》和当时李谟炽教授主编之《公路研究丛刊》均为内容充实，极富学术价值的刊物。

土木工程系设备不够充实，但教授在结构、水力、交通及市政工程方面，颇为理想，且各方面均有研究实验之成绩，并曾为地方工程机关及美军工程部解决若干困难问题，甚至协助云南省抗疟工作，而各位教授且不断著述，系主任陶葆楷（作楷）教授之《给水工程学》与《军事卫生工程学》，察方荫之《普通结构学》，吴柳生教授之《工程材料学》（《钢筋混凝土设计》他首先将英制改为公制），张泽熙（豫生）教授之《铁路工程学》，均为传世之作。还有王裕光（明之）教授之《坊工地基及房屋》《工程估计及契约》，刘恢先生之《结构学》，均为一时名著。名建筑师张昌华、衣复得、王龙甫、王明之诸先生，均曾任土木系教授，助教9人，目前多已成名。

机械工程系设有金工、土木、锻工、铸工、造水等厂及热工试验室，是工学院规模最大、学生最多一系。系主任先是庄前鼎，后为李辑祥（筱韩）教授。庄教授的"兵器学"，李辑祥教授的"机械设计制图与原理"，刘仙洲老教授的"机动学"，均副时望。还有王师义、刘德慕（景竹）、王遵明（直承）、孟广喆（哲公）、董树屏（邱竹）、梁守盘、冯钟（豫诸）教授分别授"应用力学""金相及热炼""热工学"及"汽车工程"等。褚士荃、甯旭光两位副教授，授"工程画"等。此外还有强明伦（叙五）、李宗海两位讲师和助教10余人。机械系同学人数繁多，为工学院各系之冠。当时云南耀龙电力公司，资源委员会昆明电厂，中央机器厂，兵工署第五十三及二十三兵工厂，航空委员会第一飞机制造厂，第十飞机修理厂，云南裕滇纱厂，全有机械系三四年级同学在实习。

电机工程学系于1939年9月添设。章名涛教授兼系主任，赵友民、倪俊、任之恭，都兼过系主任。教授有马大猷（倬道）、倪俊、毛启爽、任之恭、叶楷、钱钟韩、范崇武、张瑞岐诸先生。严晙（晙夫）、钟士模（子范）、胥室澄、陈荫谷、沈秉鲁（葆东）和年轻的徐贤修（洁人）全是专任讲师。课程有"电工原理""电讯网路""直流电机""发电所""电磁测验""交流电机""无线电大意""无线电原理""电工及电机实验"等，张友熙教授还兼任电讯专修科主任。助教则有唐统一等6人。

航空工程系，是1938年7月为战时需要而筹设的，同样造就了不少工程师。系主任王德荣教授，授"飞机结构"与"概论"，教授有李锦安、王宏基二位先生，当时航空系本身课业不多，一般性课业则与电机、机械系同学共同上课。王宏基教授之"空气动力学"，甯教授授"内燃机""航空发动机"等，秦大钧教授也教过"空气动力学"，教授还有周惠久、金希武、刘治勤、丁履德诸先生。

化学工程系原仅南开大学设有，当时原以为机械系与化学系相拼凑，雅不如今日之无物非化工也。系主任先后为陈克忠、苏国桢、谢明山教授。中原理工学院院长谢明山教授授"化学工程"和"化学机械设计"，张青达教授授"理论化学"，丁嗣贤教授授"酸碱工业"，陈关符先生授"工业化学"。张明哲先生此时也在化工系。教授还有潘尚贞、胡志彬、高长庚、赵越寰、周荫阿（铭西）诸先生。钟秉智先生曾任专任讲师。助教则有6人。

1939年2月，联大又增设了电信专修科。

师范学院

师范学院系联大迁昆明后，于 1940 年设立的，本为培植云南师资。1941 年 11 月，并设置初级部二班，指定云南省教育厅保送 80 名学生。院长黄子坚（钰生）教授，曾代表张伯苓的常务委员职务，教授"教育概论"。有一次广播：他以教育家的立场批评某些联大同学"少年老成"，不像青年人，太实际，无理想，缺乏青年人的雄心壮志。

师范学院教育系主任陈雪屏教授。樊际昌（逵羽）教授和周先庚教授授"教育概论"，任樊祖和继祖（述先）教授分别教授中国和西洋教育史，倪仲方教授授"心理卫生""发展心理"，陈友松教授讲"社会教育"，沈履（莆斋）教授授"青年心理"，胡毅教授教"教育统计"，教员有严倚云，助教则为陈熙昌等三人，训导长查良钊（勉仲）授"青年问题"。公民训育系主任由陈雪屏教授兼任，并授"教育心理"和"人格心理"等课。后由田培林（伯苍）教授继任，曾作忠先生亦曾任教该系。公民训育系大部分课业,与教育系相同,故教授方面,很难限定某教授属教育系或公民训育系。国文系教授有彭仲铎(啸咸),授国文专书选读"水经注"及"各体文习作"。沈从文教授著作等身,在联大还是副教授,讲授"中国小说史"和"现代文学"。张清常先生也是副教授,但他精通文字学,所以也讲授"训诂学"。联大教歌即由张教授谱曲,他还长于乐队指挥。当时的副教授还有萧涤非、余冠英诸位先生。英语系教授有凌达扬(廷显)教授,和马葆炼专任讲师。史地系有孙毓棠和陶绍渊(子潜)副教授,赵书文专任讲师,王履常、周简文曾任助教。理化系许滇阳教授兼系主任,黄新民、余人元先生是教员。师范专修科学科与教授均与师范学院同。师范学院同学除了师院专聘教授外,各学系均同于文、法、理学院。他们不但官费(不同于贷金),而且还要多读一年,真是得天独厚。师范学院并附设小学和中学各一所。

联大的学生

西南联大一年级也有军训，每星期有半天军事训练，必修而无学分。

西南联大的体育课，每星期两小时，也是必修但无学分。马约翰教授要我们少穿衣服。昆明的冬天如遇阴天，天气也很冷，但马翁永远是一袭短袖衬衫。他更要我们永不要静止（Boy's never quiet）。侯洛询教授要求我们每一分钟投中12个篮球，因而有的同学，学分修满，但不能毕业，还要回校补修体育。马启伟、黄中孚、邵子傅、王英杰、夏翔、魏丕栋、牟作云都教过体育。

联合大学教授约500人，来自平津三大学及全国各地，聚集了全国学术界权威。同学2000多人，有者来自后方，有者自沦陷区逃来。根据蒋梦麟的记载：同学们往往不止穿越一道火线，有者乘黑夜偷渡敌人把守的桥梁或河流，被发现而遭到射击，或被逮捕杀头；有者穿越敌人防线而几天吃不到东西，但阻止不住青年人摆脱敌人向往学习的心。这些青年有者经验丰富，有者年龄稍长，个性坚韧。在任何困难环境里，他们的精神愉快，弦歌不辍。常常可以见到师生如父子，同学如手足的感人情景。但有时在一个寝室住了几年，上下床铺不相识的人也不少。

柳无忌教授在他的《烽火中讲学双城记》中说："在中国情形特殊，大学教育没有因为弥漫的战火而中断。这次是不寻常的战争，在敌人侵略下，黄河流域与长江下游两处的锦绣山河与城市相继沦陷，首都两度迁移，各大学也被敌人占领或破坏，学生与教授在后方过着流离奔波的生活。可是民族精神依然兴旺，而'士气'更因炮火的洗礼而变得更刚毅，这是我们在大学内教书时所引以为自满与自豪的。战时的学生，饱尝艰辛，却没有颓废。他们求学的态度是严肃的……"

联合大学同学的生活确是艰辛的。他们大多从沦陷区冒生命危险而来，已如前述。在校生活全赖公费，起初尚足以维持营养，后来物价上涨，连温饱二字都很难求。大部分同学只有一套内衣裤，一袭长衫，一条卡其布西裤和一双皮鞋。衣服穿脏了利用午睡时间洗一洗，晒干了再穿，好在昆明一年好天气多。爱穿西服的学生，衬衫只有领子和袖子。每年冬春二季，昆明天气晴爽，且不下雨，因而校内井水干枯，饮水洗脸都成问题。起初学校用两位女工（昆明称"×嫂"）分舍送热水，其后也免了。再加上宿舍电灯常常停电，图书馆座位不够，因而凤翥街茶馆便成了读书玩桥牌的场地。但凤翥街狭小，马粪铺地，鸡犬相闻，实在太脏太乱，后来多半转移到文林街去，文林街茶馆便与联大同学结了不解缘。在这种生活环境之下，更使联大同学生活多彩多姿，多半利用课余时间，到外面兼差。于是家庭教师、报馆、邮局、法院，甚至于放午炮、管警报、电报局、办杂志，全有联大同学参与。

联大的学生社团，也是五花八门的。只要不妨碍他人，组织社团出壁报学校全不干涉。喜爱文艺的同学组织文艺社，喜爱新诗的同学组织"新诗社"，喜爱画画和木刻的同学加入"阳光社"，文娱团体则有话剧社、联大剧团和青年剧社、联大戏剧研究社，其后有"南针社""木铎社"等。1945年秋，由"文艺壁报"做班底，和一部分喜爱文艺的同学演变为"冬青社"，还请了闻一多、冯至、卞之琳做导师。这年暑假又有了戏剧社。体育方面有"悠悠体育社"、工学院则有"西南合唱团""喷火体育会"等。这些团体有时举办辩论会、讲演会，假期举办夏令（或冬令）营，有时也演话剧。

联大的壁报更是琳琅满目，蓬荜生辉，贴满了大门左首的围墙。在当时的环境，办杂志、办报纸，因为纸张贵，印刷费高，不是件容易事，倒不如出份壁报，较为简单。西南联大的壁报，开始于1938年秋季工学院的《引擎》和《熔炉》。文法学院迁回昆明，群社出版了《腊月》，跟着便有《联大论坛》。到了1939年，壁报就发达起来，有群社的《群声》，明社的《南针》《微言》，木铎社的《木铎》，文艺社的散文半月刊《文艺》《热风》，和《热风》相对的有《照明弹》。新诗社的《新诗半月刊》、阳光社的《画刊》，时常有些心血结晶之作。论坛社的《论坛》，还有一张壁报叫《论衡》，用毛笔写的行书小字。

各社团或各系同学，也常常请对某一方面有独到见解的教授或校外学者来讲演，听讲的每每挤满了大型教室，有时爬满了窗台。

1941年冬，日军侵占香港后，许多学人包括陈寅恪教授在内，身陷其中。先是，《大公报》发表了一篇社论，谈到香港沦陷，许多学人未能逃出，也谈到寅恪先生不知下落，而某要人竟用飞机运狗。其后有两位同学，在校门口贴出《喊》壁报详述其事，以致激怒了部分同学，于午饭后由昆华农院食堂列队游行。这是联大学生走出校门参加进步活动的一个开端。

西南联合大学2000多同学在昆明，分散在几个地区：

新校舍：在昆明北郊大西门外，1939年建成，有泥土版筑的围墙，分南北二区，中隔环城马路。北区较南区大约四倍，有大门相对。初时大门尚可关闭，其后风雨侵蚀，无钱修理，门虽设而不关。有校警大队，虚设耳。进大门有土路稍宽，由南向北直通北墙小门。路西为生活区，进门去左边有校警室，面对小操场。操场之北为军训教官室，更北有宿舍约32栋，1940年被日机炸毁两栋。每栋宿舍中间为甬道，两旁各置双人木床约10张，可容40人。两床间有一长条木桌，本为自习之用，但因灯光黑暗，同学多半在茶馆读书，长桌仅供堆置杂物而已。

宿舍长方形。泥土版墙，南北为门，东西各开小洞四五。并竖以木棍，初时冬季尚糊以棉纸，其后棉纸亦免。中竖木棍，仅防君子耳。茅草为顶，每年冬季加盖新草，冬暖夏凉。虽偶有漏雨，同学即在室内撑伞而睡。宿舍之北为厕所及盥洗室，盥洗室空屋一栋，中间设砖架，洗脸在此。洗澡则须于深夜，不怕冷之同学方可为也。旁有一井，雨季有水，干季则于晨起前先为厨子汲去。昆明自秋迄春，晴天无雨，井枯无水，以致饮水为难，同学好坐茶馆之一因也。

到了雨季，尚未踏实的泥土，整个翻起来，到处泥泞，从寝室到教室，图书馆到饭厅。泥巴坑、小水沟不计其数。校舍西有小门，出门小桥流水人家，而师院附中在焉。土路之北端小门，外为铁路，越路为山坡，且小冢起伏，为跑警报之绝好去处。校内土路之东为教室、教务、总务、训导处及图书馆。最后有饭厅二栋。进大门右有青年消费合作社，售零星食物。土路之旁有水池，池旁有树二三株，树旁还有两三块大红石，池内满生青萍，青萍下有时蛙声鼓鼓，亦一景也。春季因无井水，同学以面盆取池水置于床下，晨起去其上面之青萍，下面之泥土，中间之水用以洗脸。

水池旁有广场，为学生聚会之处，月会亦在此。除常委外，政要、学者、贵宾到校讲演之场所。场北有升旗台，台后即大图书馆，可容六七百人，黑木大桌，长板凳。每至考试，天不黑同学便拥在门外等开门。尤其到了晚7时开门前，同学更多，门一开蜂拥而入，大门时被挤坏。盖参考书不多，先到者先借，后到者只有叹气而已。且座位有限，抢不到只好去茶馆，斯亦泡茶原因之一也。

图书馆旁为各系办公室，教务处、注册组、总务处、训导处均在附近。学校大政方针，同学选课贷金请求俱出于此。再北有小水沟，沟北有大饭厅二栋，不仅吃饭且为演戏之所，有桌无凳，八宝饭立而啜之，亦不以为苦。想吃饱必须早到，否则只好闻余味而已，然从无因争食而生纠纷也。广场东有一小径，径东墙内有一教室，小径通东北区，亦有教室六栋。图书馆瓦顶，有门有窗，稍具规模。教室则土壁铁皮顶，每遇骤雨则铮铿有声。

出新校舍，越环城马路，进门即为南区。南区在护城沟与环城马路中间，也是围以土版墙。南区整个属于理学院，各系办公室、实验室、教室均在其中，另外有校医室，铁皮顶、土版墙，但有门有窗。校医室外面，为生物系实验场所。高崇熙教授改良的剑兰，美而艳，有时盛开其间，为整个南区增色不少。东南有便门，出便门数十步，进城墙缺口西南行，为昆中北院。

北院位于昆明城内，面临文林街，据云为李鸿章祠堂。由文林街进大门有大殿，悬金底黑字"乾坤正气"匾额一方。因而被校方名此殿为"乾坤正气"，大型教室也，通史、概论一类课程均在此上课。另一大型教室为"昆北南食堂"，经济系之会计学、民法概论等大班均在此上课，或供教授学人演讲之所。再进为一运动场，场旁有二层楼，原有单身教授宿舍，后改助教宿舍。宿舍与操场间有矮墙相隔。宿舍之东有小径，路旁荒草没胫，乱石成堆。循小径东北行，有砖造教室数间，尚称整洁，文学院课程多在此。出北院大门，越文林街为南院。南院在文林街之南，与北院相对，本为高年级同学宿舍，1941年后改为女生宿舍，男同学非经许可，休想越雷池一步也。进门有小型操场，原有大教室二间，其一为"南天一柱"。本一大殿，有匾题曰"南天一柱"，因以为名焉。1940年夏日机肆虐，去其屋顶之北半，潘光旦教务长，曾在其南半顶下主持教务。一年级经济概论，亦曾于此讲授。"昆南阅览室"，亦大教室也。1941年后南院改为女生宿舍，男同学可望而不可即矣。

师范学院在昆明城外，凤翥街之西，昆华师范原址。昆师疏散后，即为师范学院所在，房屋较整齐。教授数位，亦居其中。

工学院在拓东路二馆一仓——迤西会馆、江西会馆及盐行仓库。自新校舍穿越昆明城区，步行约一小时可达。南盐拓东路，北临农田，并有大运动场。虽然庭院楼阁、殿宇庑廊，看起来似甚巍峨，但宿舍——盐行仓库——臭虫之多，令人惊叹，每使初到同学，无防臭虫经验者战斗终夜。三年下来（一年级住新校舍），多成捉虫能手。经济史上谈到欧洲中古农奴生活，夜间睡眠，衣服须盖在被上，床上有很多虫类，大概如此。

附带再来看看西南联大教授的生活。联大的教授尽是当代的权威，已如前述，但他们清苦的生活，必令你不敢相信。1940年至1941年，因避日机轰炸，散居各处，他们每天到校上课，至少要走20里路。根据吴大猷教授的忆述："累不必说了。皮鞋走石子铺的路一天来回20里，不几天便要打鞋掌。更苦的是袜子。那时我有一条黄卡机布的裤子，膝盖都补上大膏药或补丁。在学校里有些人穿得会好些，但不管谁穿什么，也没有人觉得奇怪。

"我买菜煮饭倒不很怕，最生气的是生不着炭风炉。我知道生火的方法，但实行时有时不灵。有时将未燃的炭放在邻居的火上，等烧红了再拿回自己的炉上。早上有课时，我便提了菜篮和一把秤，带到课堂黑板下，等下了课再买菜回家。有一天好容易买了两条鲫鱼，拿回来放在小院子水缸前，正要洗它，入房里不过几秒钟,出来时已少了一条鱼。一看,便见一只乌鸦衔了一条鱼飞上房顶了。虽然说,能被乌鸦衔上房顶的鱼大不到哪里去,但正因为鱼不大,两条丢了一条,是很惨的事。"

至于联大同学"吃"的情况呢:1938年学生贷金每人7元尚有鸡蛋可吃;1944年资金涨到1000元,食的却只有"八宝饭"、老菜叶、毛皮肉,早上稀饭两大桶,花生及盐菜一小盘,午饭四盘菜两桶汤。米由政府配给,砂石、谷子、稗子、糠屑夹杂其中,米色又红,故曰"八宝饭"。买菜在下午3时之后,菜市将散未散之时,残菜剩肉,囊括而归,故菜为老菜叶,猪皮带毛。早上校门前一列长摊的鸡蛋饼和油条豆浆,文林街小吃馆的米线饵块,给了很多的诱惑,但非人人可享。老教授负米数十里外,气竭而不怨,豆芽菜煮豆腐,一家四五口,如此而已。1940年间日机滥肆轰炸,上课时必须提高警觉。警报一响,立即外奔。警报分三段:"预行""空袭""紧急"。初闻空袭警报而跑,继则闻预行而跑,最后胆量稍小之同学,见晴天即开溜,所谓"跑晴天"是也。一日之间,警报有达数小时者,不仅无法上课。甚或终日难得一饱。就在这样的环境里,培植出大批科学家、文学家、哲学家,在教育界、工商界出类拔萃者亦不少,可谓难能矣!

至每年毕业人数,则可根据档案约略统计,但亦仅其大概而已：

1938年年度毕业305人均为北大、清华、南开同学，联大仅17人，师范7人。1939年106人（恐有误）。1940年123人。1941年365人。1942年514人。1943年498人。1944年毕业386人，从军291人。1945年380人。

文献

抗战胜利后,1946年4月,准将师范学院独立设置,北大、清华、南开各恢复原校,西南联大于7月1日结束。新校舍大厨房后面土丘下,立起了一座"国立西南联合大学纪念碑"。其文曰:

国立西南联合大学纪念碑

文学院院长冯友兰撰文
中国文学系教授闻一多篆刻
中国文学系主任罗庸书丹

1945年9月9日,我国家受日本之降于南京,上距1937年7月7日卢沟桥之变为时8年,再上距1931年9月18日沈阳之变为时14年,再上距清甲午之役为时51年。举凡50年间,日本所掠吞蚕食于我国家者，至是悉备图籍献还。全胜之局，秦汉以来所未有也。国立北京大学、国立清华大学原设北平，私立南开大学原设天津。自沈阳之变，我国家之威权逐渐南移，唯以文化力量与日本争持于平津，此三校实为其中坚。1937年平津失守，三校奉命迁移湖南，合组为国立长沙临时大学，以三校校长蒋梦麟、梅贻琦、张伯苓为常务委员主持校务，设法、理、工学院于长沙，文学院于南岳，于11月1日开始上课。迫京沪失守，武汉震动，临时大学又奉命迁云南。师生徒步经贵州，于1938年4月26日抵昆明。旋奉命改名为国立西南联合大学，设理、工学院于昆明，文、法学院于蒙自，于5月4日开始上课。一学期后，文、法学院亦迁昆明。1938年，增设师范学院。1940年，设分校于四川叙永，一学年后并于本校。昆明本为后方名城，自日军入安南，陷缅甸，乃成后方重镇。联合大学支持其间，先后毕业学生2000余人，从军旅者800余人。河山既复，日月重光，联合大学之战时使命既成，奉命于1946年5月4日结束。原有三校，即将返故居，复旧业。缅维8年支持之苦辛，与夫三校合作之协和，可纪念者，盖有四焉：我国家以世界之古国，居东亚之天府，本应绍汉唐之遗烈，作并世之先进，将来建国完成，必于世界历史居独特之地位。盖并世列强，虽新而不古；希腊罗马，有古而无今。唯我国家，亘古亘今，亦新亦旧，斯所谓"周虽旧邦，其命维新"者也！旷代之伟业，8年之抗战已开其规模、立其基础。今日之胜利，于我国家有旋乾转坤之功，而联合大学之使命，与抗战相终始，此其可纪念一也。文人相轻，自古而然，昔人所言，今有同慨。三校有不同之历史，各异之学风，八年之久，合作无间，同无妨异，异不害同，五色交辉，相得益彰，八音合奏，终和且平，此其可纪念者二也。万物并育而不相害，天道并行而不相悖，小德川流，大德敦化，此天地之所以为大。斯虽先民之恒言，实为民主之真谛。联合大学以其兼容并包之精神，转移社会一时之风气，内树学术自由之规模，外来民主堡垒之称号，违千夫之诺诺，作一士之谔谔，此其可纪念者三也。稽之往史，我民族若不能立足于中原、偏安江表，称曰南渡。南渡之人，未有能北返者。晋人南渡，其例一也；宋人南渡，其例二也；明人南渡，其例三也。风景不殊，晋人之深悲；还我河山，宋人之虚愿。吾人为第四次之南渡，乃能于不十年间，收恢复之全功，庾信不哀江南，杜甫喜收蓟北，此其可纪念者四也。

联合大学初定校歌，其辞始叹南迁流难之苦辛，中颂师生不屈之壮志，终寄最后胜利之期望；校以今日之成功，历历不爽，若合符契。联合大学之终始，岂非一代之盛事、旷百世而难遇者哉！爰就歌辞，勒为碑铭。铭曰：

痛南渡，辞宫阙。驻衡湘，又离别。更长征，经峣泽。望中原，遍洒血。抵绝徼，继讲说。诗书器，犹有舌。尽笳吹，情弥切。千秋耻，终已雪。见倭寇，如烟灭。起朔北，迄南越，视金瓯，已无缺。大一统，无倾折，中兴业，继往烈。罗三校，兄弟列，为一体，如胶结。同艰难，共欢悦，联合竟，使命彻。神京复，还燕碣，以此石，象坚节，纪嘉庆，告来哲。

更有一进行曲校歌亦在其中。罗庸教授作校歌，冯友兰教授作"引"及"勉词""凯歌词"，张清常教授作曲。

【引】八年辛苦备尝，喜日月重光，顾同心同德而歌唱。

【校歌词】（满江红）万里长征，辞却了五朝官阙。暂驻足衡山湘水，又成离别。绝徼移栽桢干质，九州遍洒黎元血。尽笳吹弦诵在山城，情弥切。

千秋耻，终当雪；中兴业，须人杰。便一城三户，壮怀难折。多难殷忧新国运，动心忍性希前哲。待驱逐仇寇复神京，还燕碣。

【勉词】西山苍苍，滇水茫茫，这已不是渤海太行，这已不是衡岳潇湘。同学们，莫忘记失掉的家乡，莫辜负伟大的时代，莫耽误宝贵的辰光。赶紧学习，赶紧准备，抗战、建国，都要我们担当！同学们，要利用宝贵的时光，要创造伟大的时代，要恢复失掉的家乡。

【凯歌词】千秋耻，终已雪。见仇寇，如烟灭。大统一，无倾折。中兴业，继往烈。维三校，如胶结。同艰难，共欢悦。神京复，还燕碣。